KB074562

목마름을 기억하다

한중 양국의 우정 에세이

韩中友谊 不忘初心

来自两国的友谊随笔集

한중 양국의 우정 에세이

목마름을 기억하다

황재호 편저

예미

우리 그때 그 마음 그대로

지난 30년, 찬란한 발전의 새 지평을 열다

한중 수교 직후 사흘이 지난 1992년 8월 27일, 나는 동료 외교관들과 함께 서울 이태원에 위치했던 임시 관사 정문에 중화인민공화국 대사관 간판을 조심스레 내걸었는데, 당시를 생각할 때마다 나는 감동이 벅차올라 눈물이 고일 때가 많다. 그런데 한중수교 30주년, '삼십이립三十而立'의 2022년 올해가 벌써 다 지나가려 한다.

30년 전 당시 한중 양국의 지도자들은 큰 정치가로서 전략가로서, 미래를 내다보는 선견지명先見之明으로 냉전체제를 극복하고 한중수교라는 중대한 역사적 결정을 내렸다. 90여 년간 양국을 가로막았던 장벽을 뛰어넘어 지난 30년 동안 한중관계는 전면적이고 엄청난 속도로 발전의 새 지평을 열었다. 한중 양국은 지역의 평화, 안정, 번영을 추진하는 데에 강력한 긍정적 에너지를 제공했고, 제도와 이념이 다른 국가들 간의 협력에 있어 모범적인 사례가 되었다.

한중 양국은 지리적으로 아주 가까울 뿐만 아니라 수교 이후 양국은 지리적 거리 그 이상으로 가까운 불가분의 동반자가 되었다. 양국은 정치적으로 끊임없이 소통하며 전략적 협력동반자관계를 수립했고, 경제적으로 양국의 상호 직접투자가 2,500억 달러를 넘었고, 교역은 2021년 기준 3,600억 달러로 30년 전과 비교해 70배에 달했다. 인적교류는 팬데믹 이전에 이미 '1,000만 시대'를 기록했다. 이러한 성과를 바탕으로 우리는 우호적이고 안정적인 한중관계야말로 양국 국민의 근본적 이익에 부합함을 잘 알게 되었으며, 아시아 지역을 넘어 전 세계에 긍정적인 의미를 주었다고 생각한다.

새로운 30년, 더 큰 발전을 희망한다

현재 한중 양국은 관계를 더욱 공고히 하고 심화할 수 있는 중요한 기회를 맞이하고 있다. 올해 10월 성공적으로 개최된 중국공산당 제20차 전국대표대회에서 중국은 개혁과 발전을 통해 얻은 중대한 성과와 소중한 경험, 그리고 지난 10년간 중국이 이룬 위대한 변화를 긍정하면서 중국의 중장기 발전을 위한 방향과 청사진을 제시했다. 당대회는 또한 중국이 앞으로도 변함없이 평화 발전의 길을 걸을 것이고, 지속적으로 개혁을 심화하고 개방을 확대하며, 중국식 현대화로 중화민족의 위대한 부흥을 전면적으로 추진할 것임을 강조했다. 현대화를 향해 부단히 나아가는 중국은 한국을 포함한 세계 각국과도 더 많은 협력을 통해 국제사회와 전 인류의 발전에 공헌하고자 한다.

올해 11월 시진핑 국가주석과 윤석열 대통령은 인도네시아 발리에서 개최된 G20 정상회의에서 처음으로 대면 정상회담을 개최했다. 양국 지도자의 전략적 리더십 아래 한중 양국의 정부와 국민은 한중 간 상호존중과 상호신뢰를 유지하고 협력과 공동번영을 중시하며 평화와 우호를 위해 함께 노력할 것이다. 또한, 한중 양국이 교류 협력을 심화하고 한중 전략적 협력동반자관계를 더욱 건강하고 안정적으로 발전시켜 앞으로도 더 크고 놀라운 성과를 이룰 것이다.

1992년, 그때 그 마음을 그대로 기억했으면

중국에는 '처음의 마음가짐을 잊지 않는다'는 뜻의 '불망초심不忘初心'이라는 말이 있다. 한중수교 30주년을 기념하는 올해, 한국 글로벌전략협력연구원이 한중관계의 발전에 기여한 주요 인사들, 한국과 중국에서 유학했던 전문가들, 그리고 현재 유학 중인 학생들과 함께 수교 이후 양국이 거쳐온 발전 여정을 회고하고 미래 발전 제안을 담은 《목마름을 기억하다》를 출판하기로 한 것은 시기적으로 매우 의미 있는 일이라 생각한다. 수교 당시의 초심을 담은 본 에세이집은 분명히 양국 관계에 긍정적인 역할을 할 것이라 기대한다.

이 기회를 빌어 나는 지난 30년간 한중 우호에 깊은 애정을 가지고 지지해준 한국 사회 각계각층의 친구들에게 진심 어린 감사의 말씀을 전하고 싶다. 양국 국민이 상호 신뢰를 바탕으로 향후 새로운 30년 동안 더욱 놀라운 발전을 이룰 수 있도록 나와 내 동료들은 한국 친구들과 함께 손을 맞잡고 노력하고 또 노력할 것이다. 우리 함께 그때 그 마음 그대로, 같이 합시다!

2022년 12월 31일

싱하이밍 주한중국대사

따뜻한 기록은 역사의
한켠을 지킨다

우물의 물은 어디서 왔는가?

올해는 한중 수교 30주년이 되는 해였다. 수교일 8월 24일을 전후해 크고 작은 행사들이 많이 열렸다. 대다수 행사에서 한중관계의 발전에 대해 긍정적으로 평가했다. 한중 수교는 새로운 동북아 번영 시대를 앞당기는 중요한 전환점이었다. 그리고 이제 한중 모두는 국제사회의 핵심 국가들로 성장하였다. 중국은 미국과 함께 국제사회의 주요 역량 국가로, 한국은 글로벌 매력 국가로 성장했다. 한편 지난 몇 년 양국 관계의 안타깝고 아쉬운 부분에 대해서는 더 나은 관계로 나아가기 위한 성장통으로 이해하면서, 음수사원飲水思源, 물을 마실 때 물이 어디에서 왔는지 생각하자의 마음으로 수교 당시 노력과 사람들을 기억하자는 따뜻한 회고와 격려들이 많았다.

본 연구원도 여러 기념행사들을 준비하고 또 참여했었다. 그리고 8월이 지난 어느 가을 날, 정치, 경제, 사회, 문화, 외교, 안보, 군사 영역의 큰 담론은 아닐지라도 양국 관계에 애정과 관심을 가진 사람들의 이야기를 올해가 가기 전에 만들어보면 어떨까 생각하였다. 긍정적인 메시지, 따뜻한 스토리, 건설적인 제안들이 담긴 에세이를 만들어 보았으면 했다. 수교 세대에서 청년 세대에 이르기까지, 지난 30년 양국의 수교, 현재, 미래를 돌아보고 살펴보고 내다보았으면 했다. 왜냐면 기록은 기억보다 강하며 작지만 따뜻한 기록은 언젠가 한중 교류 역사의 한켠을 지킬 것이기 때문이다.

수교세대에서 청년세대에 이르기까지

당시 목말랐던 기억과 심정을 이해하는 사람들을 위한 이번 에세이는 한 사람 한 사람의 상대 국가 및 상대 국가 사람들과의 첫 인연들, 유학 또는 교류 과정에서 겪었던 일들, 돌이켜보면 보람을 느꼈던 일들, 앞으로 의욕적으로 하고 싶은 일들, 그리고 후배들에게 들려주고 싶은 이야기들을 담고자 했다.

본 에세이는 크게 세 파트로 나눠지는데, 첫 파트는 당시 수교와 한중 양국 우호 증진에 노력해온 여섯 인사들의 이야기이다. 먼저 당시 북방정책이란 한국외교의 큰 그림에서 한중수교를 통괄한 김종휘 전 외교안보수석, 한국 정부가 처음으로 외교 훈장까지 수여할 정도로 한중 공공외교에 기여하고 있는 한팡밍 전국정협 외사위원회 부주임 겸

차하얼학회 회장, 한중수교 예비회담 수석대표와 제4대 주중대사였으며 현재 지구 살리기 환경운동에 노력 중인 권병현 미래숲 대표, 중국에서 오래 공부하고 일했으며 국회의 중국통으로서 양국의 가교역할을 하고 있는 박정 더불어민주당 국회의원, 수교 전후 교류에도 관여하였고 2005년부터 2008년까지 서울에서 관계 발전에 최선을 다한 닝푸쿠이 전 주한중국대사, '도시' 전문가로서 중국의 도시들에서 얻은 영감을 시정에 반영하고 있는 김동근 의정부시장의 이야기 등에서 양국의 정책 결정 과정에 있는 이들이 어떻게 관계 발전을 위해 노력해왔는지 다큐멘터리 나레이티브처럼 담담하게 소개하고 있다.

둘째 파트는 상대국에 유학 경험을 가진 인사들의 이야기이다. 중국에 대한 애정과 함께 한중 경제협력의 시너지를 내고자 하는 이혁준 현대자동차그룹 중국 대표, 수교 전후 역사적 현장에서 통역을 담당했던 김진아 한국외대 통역번역대학원 교수, 영문학도였다가 중국 전문가가 된 이동규 아산정책연구원 연구위원, 대기업에 있다가 중국 유학 후 창업한 김신 키스메트 코리아 대표, 재중 미스코리아 출신의 민지수 LG전자 경영지원부 프리젠터, 엄격한 한국 교수님 지도 아래 창업까지 이어진 왕웨이쥔 중국과학원 선전선진기술연구원 박사 지도교수, 한국 유학 중에 부부의 인연까지 맺은 까오롱커 중국석유대학화둥 교수와 창위 중국석유대학화둥 교무처 직원, 교수로서 연구 및 후학을 양성중인 장레이성 지린대학 고등교육연구소 부교수와 차오웨이 하얼빈이공대학웨이하이 한국어과 교수, 수교 30주년 다큐멘터리를 만든 리송 칭다오 방송마케팅기획 유한회사 총경리, 한국에서의 정규직 경험으로 대기업 홍보업무를 맡고 있는 탕예 상하이GM우링자동차주식회사 홍보메니저 등 총 11편의 이야기가 인생의 파노라마처럼 펼쳐진다.

셋째 파트는 현재 양국에 유학 중인 청년들의 이야기이다. 모두 개인적인 결심과 사연들이 있다. 중국 유학길의 재미있는 경험을 소개한 신지선 베이징대 국제정치경제학 박사과정, 다국적 합창단을 만든 신문섭 선전 중국경제특구연구센터 박사과정, 자아실현을 위해 다양한 공부를 한 이명실 산둥대웨이하이 아시아·아프리카어문학 박사과정, 한반도 전문가의 꿈을 키우는 박영준 푸단대 국제관계학 박사과정, 한중 신재생에너지협력 가교가 되고픈 정재훈 런민대 국제관계 석사과정, 학교생활 틈틈이 공수도를 연마한 김수빈 푸단대 방송학과 학부과정, 한국 여행을 맘껏 하고 싶은 정야신 중앙대 식품영양학 박사과정, 드디어 박사학위를 눈앞에 둔 민루이 한국외대 정치외교학 박사과정, 한국 어르신들의 며느릿감으로 인기 높은 류샤오 경희대 관광학 박사과정, 사슴이란 본명처럼 이쁜 유학 생활을 꿈꾸는 쑹장루밍 서울대 예술공연학과 석사과정, 붕어빵에 한국의 정을 가득 느끼는 자루엔 성균관대 미디어커뮤니케이션학과 학부과정 등 총 11편의 이야기가 재미있는 드라마 미니시리즈처럼 전개된다.

한중관계를 따뜻하게 바라보는 모든 분들께

마지막으로 한중 교류의 중요성을 누구보다 잘 이해하시고 이번 에세이의 소박하지만 따뜻한 의미를 공감해주신 싱하이밍 주한중국대사께 진심으로 감사드린다. 12월 31일 한중수교의 마지막 날 오늘, 음수사원을 기억하는 모든 분들께, 그리고 이를 따뜻하게 바라보는 모든 분들께 다시 한번 감사의 말씀을 드린다.

2022년 12월 31일

황재호 글로벌전략협력연구원 원장

목차

제3부
중국과 한국에서 미래를 보다_ 현재 유학생들

제1부

그때 그 시절 목마름을 기억하다

- 한중 주요인사들

수교의 그 날을 잊지 못한다

김종휘 전 외교안보수석

수교는 북방정책의 화룡점정

1992년 8월 24일, 한중 수교가 이루어진 그날을 나는 잊지 못한다. 그리고 벌써 올해로 수교 30주년이 되었다. 한중 양국은 중국 베이징에서 호혜평등과 평화공존의 원칙에 입각한 선린우호관계를 수립하고, '하나의 중국'과 '평화적 남북통일'을 상호 지지하는 수교 공동성명에 서명함으로써 한중 양국의 새로운 시대를 열었다. 한중수교는 양국이 적대적 관계를 청산하고 화해하였으며, 이념과 체제의 대결 구도를 넘어 동북아의 탈냉전을 주도하였다는 점에서 그 큰 역사적, 문명적 의미를 찾을 수 있다.

한편 나는 한중수교가 노태우 정부의 외교정책이었던 북방정책의 화룡점정画龙点睛이었다고 생각한다. 북방정책은 여러 목표가 있었다. 먼저 우리의 외교망을 확대하는 것이었다. 그 이전 우리의 외교는 미국, 일본, 유럽, 일부 친서방 중립국가 중심의 '반쪽' 외교였다. 그래서 당시 중국, 러시아, 베트남 등과의 수교를 통해 외교의 영역을 넓히고 유엔에 가입함으로써 또 다른 '반쪽'을 찾아오고자 했다. 다음은 경제 영역과 관련이 있었다. 우리의 수출주도 정책은 당시 미국, 유럽, 남미 중심이었다. 거대한 자원과 인구를 보유하고 있는 중국과 소련 등에 수출을 확대하는 등 새로운 지역으로 경제 활동 영역을 넓히고자 했다.

그리고 우리의 중장기 전략과도 관련이 있었다. 제6공화국은 지속적으로 북한과의 소통을 이어갔으며 남북대화의 틀을 구축하는데 적지 않은 기여를 했다. 무엇보다도 우리의 염원 통일을 위해서는 중소와의 화해가 중요했다. 독일의 통일 역시도 고르바초프가 거부권을 행사했다면 쉽게 이루어지지 않았을 것이다. 결과적으로 북방정책은 단순히 중국과 소련에 대사관을 설치하는 것을 넘어 북방 전지역과의 외교를 통해 남북통일에 평화적 협력 분위기를 형성하고자 했다.

하루아침에 이뤄진 것이 아니다

당시 한국은 비록 큰 국가는 아니지만 국제질서에 촉매제catalyst 역할을 했다. 냉전이 종식되고 독일 통일이 이뤄지는 등 유럽 및 서구지역에서 국제사적으로 역사적인 사건이 발생할 동안 아시아에서 이루어진 정세 변화는 그렇게 많지 않았다. 한국이 러시아, 중국, 베트남 등과 수교함으로써 다양한 변화를 이끌어냈다고 할 수 있다.

이후 한중관계의 지난 30년은 세계사에 유례가 없을 정도로 정치,

경제, 사회, 문화, 외교 등 거의 모든 분야에서 큰 발전을 해왔다. 돌이켜보면 현재 이룩한 한중관계의 발전은 하루아침에 이뤄진 것이 아니라 수교 당시 많은 어려움을 극복해 이룬 결과였다. 이러한 결단을 내려야 했던 양국 지도자의 판단은 옳았다.

이제 30년이 흐른 지금, 물을 마실 때 그 우물을 판 이들을 기억하는 음수사원飮水思源을 생각하게 된다. 한중 양국의 국력이 커지고 관계가 복잡해지면서 당연히 이해가 달라지고 마찰도 생겼다. 그러나 한중은 수교 당시 왜 그토록 수교를 원했으며 무엇을 위해 그토록 관계 발전에 노력해 왔는지 그 초심을 기억했으면 한다. 양국의 새로운 30년을 위한 발전의 비전을 제시하고 행동으로 나아갔으면 한다.

나의 한국 인연

한팡밍 전국정협 외사위원회 부주임

박진 외교부 장관과의 인연

한국에서 다양한 인연을 만나 많은 일을 경험했기 때문에 어디서부터 나의 한국 이야기를 시작해야 할지 고민이 되었다. 그래서 먼저 나의 첫 '공식 방문'에 대해서 이야기해보고자 한다.

2009년 가을, 한국 국회의 초청으로 자오치정趙啟正 외사위원장을 단장으로 하는 중국인민정치협상회의 외사위원회 대표단이 5일간 한국을 공식 방문했고, 당시 나는 외사위원회 부주임위원으로 해외 순방에 동행했다.

한국에 도착한 날, 당시 박진 국회 외교통상통일위원장이 명동 롯데호텔의 연회장에서 환영 만찬을 열어줬다. 만찬은 정갈한 한정식이었는데, 연회의 형식과 분위기는 지금도 잊을 수가 없다. 자오치정 위원장의 답사 후에 박 위원장이 중국 측 전원과 한국 국회의원들에게 차례로 연설을 제안했는데 나는 한국에서 베풀어준 연회와 연설 방식에 대해 깊은 인상을 받았다.

당시 내가 기억하는 박진 위원장은 풍채가 좋고 언행에 품위가 있었다. 특히 그의 유창하고 정확한 영어가 인상적이었다. 후에 알게 되었는데, 그는 과거 김영삼 대통령의 영어 통역을 맡았고, '대도무문★道無門'을 멋지게 통역했던 미담이 전해지고 있었다. 올해 박진 위원장이 새 정부의 외교부 장관으로 부임하였고, 나는 제일 먼저 축전을 보냈다. 지난 6월 말 내가 한국을 방문한다고 하자 그는 대통령을 모시고 출국을 준비하는 상황에서도 시간을 내어 만남을 가졌으며 몇 년만에 다시 만난 자리에서 놀랍게도 그는 유창한 중국어로 대화를 시작했다. 대한민국의 외교부 장관으로 부임한 그는 경험 많은 정치인으로서 분별력 있는 언사와 함께 예의가 바르고 꼼꼼한 사람이란 인상을 받았다.

2009년 방한 때 맺은 인연들

2009년 한국을 방문했을 때, 나는 많은 정치인들과 인연을 맺었고, 정부·재계·학계의 많은 친구들과 수교하였다. 그리고 이것이 나의 한국 교류 업무의 아름다운 출발점이 되었다.

당시 나는 한국 대기업 내에서 중국에 대해 박식한 박근태 선생을 알게 되었는데 그는 CJ그룹의 핵심 임원으로 중국 업무를 담당하고 있었다. 베이징에 있었던 그는 특별히 서울까지 와서 우리가 CJ의 엔터테인먼트 사업을 참관할 수 있게 준비해 주었고, 한국 방문 마지막

날에는 SK그룹 사장과 함께 제주에서 송별 만찬을 열어줬다. 최근 그는 임원에서 회사 고문으로 자리를 옮겼는데 내가 서울에 온다는 소식을 듣고, 그의 아들과 함께 유명한 한우전문점에서 나를 대접해 주었다. 그때 박근태 선생이 한중 친구 간의 친분과 인맥이 계속 이어지길 바란다고 말했던 것이 아직도 내 기억에 남아 있다.

2009년 방문 때 인상 깊었던 다른 인물로는 김미라 국회 통역사였다. 그녀는 우리가 제주도를 떠날 때까지 계속 우리와 동행했는데 그녀는 톈진에서 중국어를 공부한 유능한 인재였다. 김진표 의원이 국회의장에 취임한 다음 날, 나는 국회의장을 공식 예방하기 위해서 싱하이밍 주한중국대사와 함께 국회의사당을 방문했다. 이때 국회의사당 현관에서 의전단을 이끌고 우리를 맞이한 사람이 바로 김미라 통역사였다. 그날도 그녀가 현장 통역을 담당했는데 몇 년의 세월이 흘렀음에도 매우 친근하게 느껴졌다.

2009년 한국 방문 이후부터 나는 한국과 긴밀하게 교류하기 시작했다. 심지어 코로나19 팬데믹이 시작되기 전인 2019년에는 1년 동안 21번이나 한국을 방문한 적도 있었다. 감사하게도 이 시기 동안 나의 공공외교 활동은 한국의 각계각층 친구들에게 인정을 받았고, 2018년 문재인 대통령은 내게 대한민국 수교 훈장인 '외교홍인장'을 수여했는데 이것은 양국 수교 이후 처음으로 한국 정부가 국가의 이름으로 중국인에게 훈장을 수여한 것이었다. 또한 나는 동국대학교에서 명예 정치학 박사학위를 받았고, 인천광역시와 의정부시의 명예시민이 되었으며 경기도 수석 외사 고문에 임명되기도 했다.

코로나19 팬데믹 이후 한중 교류

지난 3년간 코로나19 팬데믹을 겪으면서 방역 문제 등으로 한국 방문에 어려움이 있었음에도 불구하고 나와 한국 간의 교류는 멈추지 않았으며 나와 한국 친구들 간의 상호 관심과 염려도 멈추지 않았다. 2020년 4월에는 내가 회장으로 있는 중국 차하얼학회가 KN95 방역 마스크 30만 장을 비롯한 방역 물자를 한국에 기증했는데 당시 국회 방역위원회 김진표 방역위원장이 기증식을 주재했다. 2021년 8월 24일, 양국 수교 30주년을 기념하여 '한중관계 미래발전위원회'가 공식 출범하였을 때, 나는 미래기획분과위원회의 중국 측 위원장으로 임명되었고 2021년 12월 21일에는 대한민국 '국민통합비전'에서 수교 30년 우수 공로자인 '한중우호협력 공헌상'을 수상하기도 했다. 나는 2022년 5월 하순과 9월 초 두 차례에 걸쳐 한 달 동안 한국을 방문해 민관 교류를 촉진하기 위한 공공외교에 힘을 썼는데, 한국의 오랜 친구들을 통해서 한중관계 개선에 대한 여러 의견을 들을 수 있었다.

한중 양국은 이사할 수 없는 이웃 국가이다. 한중이 비록 갈등을 피할 수는 없겠지만, 양국은 수천 년의 교류 경험과 위대한 동북아 문명의 전통을 갖고 있다. 한중 우호관계는 시종일관 민의에 기반해 있다. 민의는 거스를 수 없으며, 민심은 한중 친선을 지향하고 있다. 내가 이것을 확신하는 것은 많은 한국 친구들이 있기 때문이다.

한중의 지구 살리기 협력에 기여하고 싶다

권병현 전 주중한국대사

한중수교는 시대의 흐름

올해 30주년을 맞는 한중수교는 양국 관계에 상전벽해의 변화를 가져왔다. 글로벌 차원에서 중국은 G2 국가가 되었고 한국은 선진국이 되었다. 동아시아의 지형, 나아가 세계 정세에 의미 있는 변화를 가져오고 있다. 새로운 변화 속에는 중국의 부상과 한국의 회복과정이 주목을 받고 있다. 한중수교가 이러한 새 변화과정에서 하나의 역사적 변곡점이 아니었나 생각한다. 우리는 이 역동적인 변화가 가져오는 새로운 질서의 형성과정을 지금 지켜보고 있는 것이다.

한중수교의 주역은 한중 양국의 국민이었고, 그 원동력은 민심과 더 이상 거스를 수 없는 시대의 흐름이었다. 1992년에 이루어진 한중수교는 한중 양국과 양국 국민 모두에게 호혜적인 결과를 가져온 가장 큰 축제였다. 한중수교 30주년을 맞는 지금 나는 그렇게 믿는다. 수교교섭의 현장에 있었던 나에게 한중 양국이 근 한 세기에 걸친 여러 어려움을 극복하고 다시 옛날처럼 자유롭게 왕래하고 교류하게 된 것이 가장 기쁜 일이다. 그리고 수교 이후 이전에 예상치 못 했던 엄청난 변화가 일어났다.

그 변화는 부정적 변화가 아니라 긍정적 변화이다. 나는 양국 국민 간의 호혜적인 우호선린관계가 회복되고 양국 관계가 발전되면서 한국과 중국이 문명의 중심 무대로 복귀하고 있는 것을 보고 있다. 역사 속에서 한중이 오랜 기간 인류 문명의 중심 무대에서 서로 협력하며 문명을 이끌어 왔던 것과 같이, 이제는 한중이 인류의 평화와 위기의 지구 환경을 위하여 협력하고 함께 기여하는 것을 꿈꾸게 됐다.

소나무와 잣나무는 함께 잘 자란다

한중수교 실무회담 벽두에 내가 중국대표단에게 꺼낸 첫 화두는 송무백열松茂栢悅이었다. 같은 소나무과인 소나무와 잣나무가 같은 생태계에서 서로 도와 가면서 잘 자란다는 의미이다. 한중수교 이후 30년이 지난 지금 내가 한중 양 국민께 드리고자 하는 화두는 음수사원이다. 음수사원은 갈증으로 물을 마실 때는 그 우물을 판 사람을 생각하라는 뜻으로 즉, 우리가 흔히 쉽게 잊고 넘길 수 있는 '갈증'과 '물'의 소중함을 일깨우는 말이다.

나는 중국의 부상에 있어서 한국의 역할이 매우 컸다고 생각하며 동시에 한국이 현재의 위상을 가지게 된 것도 중국의 역할이 컸다고 생각한다. 우리는 이러한 역사적 사실을 부인해서는 안 된다. 한중수교 이후 한중 양국과 양 국민이 얼마나 큰 혜택을 누려 왔는지 한중수교 30주년인 지금 다시 되짚어보게 된다.

1998년 2월 김대중 정부가 출범한 후, 그해 3월 나는 주중대사로 발령받았다. 당면한 최대의 과제는 IMF 금융위기 극복이었다. 중국에 진출한 한국의 대기업들과 중소기업들이 대부분 흑자도산 위기에 있었고, 한국이 어떻게 이 금융위기를 넘기고, 중국으로부터 어떤 도움을 얻을 수 있느냐가 과제였다. 마침 그때 후진타오胡錦濤 국가 부주석이 3월 26일~30일에 한국을 공식 방문하였는데, 김대중 대통령을 비롯하여 정·재계 최고지도자들이 중국의 협력과 도움을 절실히 요청하였다. 나는 후 부주석의 수행대사로 그 현장에 있으면서 당시 한국의 현실이 얼마나 절박했고, 당시 중국 측의 대응이 어떠했는지를 생생하게 느낄 수 있었다. 그 후 중국에 진출한 한국 대기업들과 중소기업들을 방문했는데 중국 중앙정부가 중국에 진출한 한국기업도 중국기업과 똑같이 구제하라는 구체적인 지시를 전국에 하달했고, 그 때문에 많은 한국기업이 흑자도산을 면하게 되었다는 사실을 확인할 수 있었다.

올해 윤석열 대통령이 취임한 후, 바이든 미국 대통령이 일본에 앞서 한국을 방문해 산업현장에서 실리외교에 힘쓰는 모습을 보면서 지금의 한미관계, 그리고 1998년 당시의 한중관계가 국가이익에 따라 묘하게 교차하고 있다고 느꼈다. 음수사원은 저우언라이周恩來 중국 총리가 가장 좋아하는 말이다. 은혜를 입은 사람이 은혜를 갚지 않는다고 중국인이 화를 내지는 않는다. 그러나 그들은 영원히 그것을 잊지 않는다. 중요한 것은 중국인이 '체면'을 중시하지만, '체면' 때문에 상처를 받거나 화를 내지도 않고, 또한 절대 손을 놓치 않는다는 것이다. 미중 경쟁이 격화됨에 따라, 우리의 선택지도 점차 좁아지고 있다. 이미 선진국이 된 한국은 현명한 생존 전략이 무엇인지 심사숙고해야 한다.

새로운 한중관계와 '지구 살리기'

한중수교라는 새 생명이 탄생하는 데에 내가 조산원의 역할을 했기 때문에 한중수교라는 새 생명이 지속될 수 있도록 한중협력에 이바지하며 여생을 보내고 싶다.

한국과 중국은 줄곧 문명사의 최전선에서 세계와 동방 문명을 함께 인도해 왔다. 동방 문명은 '천인합일天人合一'의 문명, 즉 자연과 인간이 하나가 되는 문명이다. 서구의 공업화와 기계문명은 인류 역사상 최고의 세계를 가져왔지만, 동시에 인간과 자연을 분리하고, 인간과 지구를 분리했다. 이러한 속도로 가면 우리는 멸망의 길로 갈 수밖에 없다. 그렇기 때문에 우리는 반드시 해결 방안을 찾아내야 한다. 우리는 인류와 자연이 공존할 수 있는 새로운 방법, 현세대와 미래세대가 충분히 공존할 수 있는 지속가능한 문명을 찾아야 한다.

이러한 '지구 살리기' 아젠다를 한중이 협력할 수 있다면 문명의 무대 위로 다시 돌아가는 길에 부합한다고 생각한다. 현대문명에 의해서 파괴된 지구를 살리기 위해서 한중 양국의 미래세대가 솔선수범해 전 세계의 미래 세대와 협력해 '천인합일'을 실현해야 한다. 사람과 자연이 공존하면서도 발전이 지속가능한 부분을 앞장서서 만들어 나가기를 기대한다.

한중관계, 의원 외교가 긴요하다

박정 더불어민주당 국회의원

한중 간 역사 문화 교류의 공감대를 넓히다

많은 전문가들이 동아시아의 위기를 극복하기 위해 다양한 해법을 내놓지만, 그리 단순한 일이 아니라는 것에는 인식을 같이 한다. 한국과 북한, 중국, 일본 등 동아시아 국가 사이에는 다양한 역학 관계가 존재한다. 분명한 것은 지리적으로 인접한 국가 간 협력이 없다면, 위기는 계속 악화된다는 것이다. 그래서 어려운 상황일수록 필요한 협력은 반드시 해야 한다.

그리고 이러한 협력 분야 중 가장 손쉬운 것이 문화, 그리고 역사 교류다. 특히 한중 양국 국민이 항일 투쟁의 역사라는 공통 주제를 갖고 있다는 것에 주목해야 한다. 이 주제는 양국 국민에게 남다른 의미를 갖는다. 나라를 지키기 위해 목숨을 바친 선조들에 대한 감사함을 넘어 조국에 대한 애국심과 자부심을 고취시키는 주제이다. 이러한 공통 주제를 중심으로 한국과 중국 두 나라가 교류의 범위를 넓히자는 것이다. 물론 무조건적인 반일감정을 고취시키는 방향은 적절치 않다. 일본 역시 함께 협력해야 할 대상이라는 것을 잊지 말아야 한다. 모든 목표는 동아시아의 평화라는 가치를 향해야 한다.

근대역사에서 한국과 중국은 모두 일본 제국주의의 침략을 받았고, 이로 인해 두 나라는 역사상 전례 없는 밀접한 관계를 형성했다. 한국의 독립운동가들은 자국 내에서도 독립운동을 치열하게 이어갔지만, 중국 영토에서도 수많은 투쟁의 역사가 만들어졌다. 특히, 중국공산당, 중국국민당 등 중국의 각 정치 세력은 각자의 정책 방향에 근거하여 한국의 독립운동을 지지하였고, 각자의 방식으로 한국의 항일투쟁에 참여하였다. 양국 민중의 항일 투쟁과 국가 수호라는 공동 목표와 투쟁 경험은 양국의 상호 이해와 우정의 토대가 되었다. 대한민국 임시정부와 독립군 역시 중국의 항일전쟁을 위해 힘을 모았다.

사드 사태 당시의 방중 경험

나는 사드 문제가 불거지기 시작한 2016년 처음 국회의원에 당선되었다. 중국에서 사업을 했던 경험과 2005년 우한대학 대학원에서 공부를 한 인연으로 나는 중국에 대해 많은 관심을 가지고 있었다. 2016년 8월 사드 문제 해결을 위해 중국 베이징을 방문했을 당시, 나는 베이징대학 교수들과의 좌담회, 중국 싱크탱크인 판구연구소 주최 토론회, 교민 간담회, 베이징 주재 한국언론 특파원 오찬, 중국 혁명건설촉진회 주최 만찬 등 많은 일정을 소화했다. 당시 나는 "어떠한 일이 있어도 한중 우호 관계가 훼손되면 안된다"는 점을 계속해서 전달했다. 2017년 1월 4일에는 왕이王毅 중국 외교부장 면담, 콩쉬안유孔铉佑 중국 외교부 부장조리 면담, 중국 국제문제연구소 전문가 간담회, 외사위원회 푸잉傅莹 주임 면담 등의 일정을 소화했다. 당시 왕이 외교부장 면담에서는 사드 문제가 한중수교 25년을 맞은 양국의 관계 발전을 저해해서는 안 된다는 점에 공감한 바 있다.

나는 사드 문제 이후 한중관계 회복을 위해 20차례 이상 중국을 방문했는데 특히 2017년 5월에는 '중국 일대일로 포럼 한국 정부대표단' 자격으로 중국에 방문했고, 2017년 12월 13일 문재인 대통령 중국 국빈 방문 시에는 특별수행원 자격으로 함께하면서 사드 문제로 인한 갈등이 조금씩 봉합되는 모습을 볼 수 있었다. 12월 16일에는 문재인 대통령 내외, 한국 국무위원들과 함께 충칭 임시정부 청사를 방문하기도 했다. 충칭 임시정부 청사는 한국의 항일 독립투쟁의 본거지이자 한국 국민의 가슴을 울리는 곳으로 개인적으로 그때의 풍경이 아직도 잊히지 않는다.

한중교류의 미래 방향

사실 한중 양국은 역사 문화 교류는 물론 지방정부 간 교류, 민간 차원의 경제협력, 학술교류 등 나열하기 어려울 정도의 성과를 쌓아가고 있다. 한국 내에도 중국을 연구하고, 중국에 관심 있는 수많은 전문가들이 있다. 나는 한국과 중국 양국에 더 많은 청소년, 문화예술인 등이 항일운동의 현장에서 함께 교류하는 기회를 가져야 한다고 생각한다. 필요하다면 정부 차원에서 지원하고, 민간 차원에서 추진하는 형태도 좋다. 강교 전투, 이범석, 마잔산馬占山 장군의 이야기같이 동북 3성 지역 항일 투쟁과 관련된 한중 합작 영화 프로젝트를 추진하는 등 역사를 주제로 한 문화 협력도 필요하다고 생각한다.

2019년 한국 방송사인 MBC 특별기획 '이몽'이 중국에서 영화로 개봉된다는 결정이 화제가 되었다. 2019년 7월 10일 '이몽'의 제작사에 따르면, 중국의 양광칠성그룹의 계열사인 Seven Stars Film Studios Limited(US)와 '이몽' 제작사 간의 중국 내 영화 개봉 계약이 체결되었다. 당시 한중관계와 방송환경 등을 고려할 때 이는 상당히 이례적인 협약이었다.

또한 한중 역사 교류를 위해 의회 차원의 더 적극적인 협력도 필요하다고 생각한다. 한국 국회에는 현재 두 개의 중국 관련 외교 단체가 있다. 하나는 국회의원의 외교활동 등에 관한 규정에 근거한 한·중 의회외교포럼이 있고, 또 하나로 내가 간사장을 맡아 활동하고 있는 한·중 의회 간 정기교류체제가 있다.

나는 그곳에서 양국 간 문화교류와 관광산업 발전 방안에 대해 설명했고, 중국 전국인민대표대회에 협력을 제안했다. 그 중 첫 번째가 문화 분야의 교류였다. 경색된 양국의 문화 관련 산업 교류가 회복될 수 있도록 전국인민대표대회가 역할을 해달라는 요청이었다. 한중수교 30주년 기념 대표 사업인 한중 우정콘서트, 한중 오페라 공연 등의 행사를 통해 양국 국민의 우호 정서 함양에 큰 진전이 있도록 협력하고, 한중 양국 방송사 등 미디어 간의 교류도 중요하다는 점을 강조했다.

80여 명에 가까운 여야 국회의원이 참여하는 한중의원연맹도 공식 출범을 앞두고 있다. 여기에서도 직접 간사를 맡아 주도적인 역할을 해보고자 한다. 정부 간 대화에서 한계가 있는 부분을 의원외교를 통해 충분히 메울 수 있다고 생각한다. 역사라는 공통된 주제를 중심으로 한중 양국 간의 더 깊은 우정을 위해 가능한 다양한 채널이 운영되고 협력이 확대될 수 있도록 앞으로도 계속 노력할 계획이다.

봄에 강물이 녹는 것을
오리가 가장 먼저 안다

닝푸쿠이 전 주한중국대사

전략적 협력 동반자관계가 되었다

나는 40년의 외교관 생활 중 대부분의 시간을 한반도 업무를 관할하며 보냈다. 한중수교 이전에는 양국의 민간교류에 참여해 양국 민간업무처 건설 계획 및 수교 이후 양국관계 발전과 관련된 업무를 담당하기도 했다. 지난 30년간 한중관계와 관련한 업무들을 다루면서 많은 어려움도 경험했지만 한중의 호혜 협력으로 각 부분에서 만족스러운 성과를 거두었던 경험도 가지고 있다.

역사적으로 한중 양국은 매우 밀접한 이웃이나 1980년대 이전 냉전시기 동안 양국은 서로 다른 진영에 속해 적대관계를 유지했다. 그러나 1980년대 초 양국은 서로에 대해 호의를 보이면서 오랜 시간 닫혀 있던 문호를 개방하기 시작했다.

중국 고대 시문 중에 "봄에 강물이 풀리는 것은 오리가 먼저 안다春江水暖鴨先知"는 구문이 있다. 나는 내 자신이 바로 이 오리였다고 생각한다. 왜냐하면 나는 당시 외교부에서 한중관계 관련 업무를 담당했고, 가장 먼저 한중관계가 녹는 것을 느꼈기 때문이다. 이 시기 동안 한중 양국의 민간 교류가 확대되었고, 양국 간의 이해, 우정, 신뢰와 협력이 촉진되면서 1992년 한중은 자연스럽게 정식 외교관계를 수립했다. 정식 수교 이후 양국은 30년간 공동으로 만든 선린우호의 동방 가치관을 기반으로 각 영역에서 긴밀한 협력관계를 구축했다. 지난 30년은 양국이 서로의 장점을 본받고 협력을 심화하며 공동으로 발전해온 시간이었다.

한편 수교 이전인 1980년대 중반 외교관 신분이 아니라 민간 신분으로 한국에 방문한 적이 있었다. 당시 나는 중국 체육대표단과 함께 한국에서 개최된 아시아지역 체육 경기에 참가했는데 중국 대표단의 한 젊은 선수가 한국의 젊은이와 차이가 없을 정도로 당시 유행하던 옷을 입고 있었는데 안내하던 한국 사람이 조용히 물었다. "TV에서는 중국인들이 남녀노소를 불문하고 녹색이나 회색의 옷을 입고 있었는데 저 선수는 한국 젊은이처럼 입고 있네요. 중국에서도 이런 옷을 입나요?" 이 사례는 교류와 소통의 중요성을 말해 준다. 당시 한국은 중국을 이해하기를 갈망했지만 한국 친구들은 서구의 언론을 통해서 묘사되는 중국을 볼 수밖에 없었다. 그래서 이런 오해가 발생했다고 생각한다.

한중 양국이 어떻게 1992년에 수교를 할 수 있었는가? 국제정세나 지역 정치의 변화 외에도 양국 간의 직접적 교류, 상호 이해와 신뢰의 심화가 주요 요인이라고 생각한다. 한중 양국은 왕래가 없던 적대 국가였지만, 상호존중, 선린우호, 공동의 번영과 발전을 위해 함께 노력하는 중요한 전략동반자가 되었다. 우리는 이러한 성과를 소중히 간직해야 한다.

역지사지의 자세로 서로 협력해야

어떤 사람들은 최근 양국이 직면하고 있는 다양한 문제들 때문에 향후 한중관계의 미래가 걱정된다고 말한다. 나 역시도 한국 친구들이 걱정하는 부분에 대해 깊이 공감하고 있으며 양국 간 발생하는 여러 문제들은 상대국가의 정세나 문화에 대한 이해 부족, 여론의 오도, 혹은 역지사지의 자세가 충분하지 못해서 생겨났다고 생각한다.

그렇다. 한중 양국의 역사 발전과정은 다르다. 현재의 사회제도나 국가 상황, 경제발전 수준, 영토 및 인구 규모, 각국이 직면한 외부 안보 환경도 모두 상이하다. 이러한 여러 다른 배경하에서 양국 국민들은 자신의 시각과 입장에서 상대방을 판단하기 쉽다. 만약 양국 국민이 역지사지의 자세로 더 많은 이해와 존중, 포용으로 상대국의 국정을 이해하고 상대방의 중요 사안과 핵심 이익을 존중한다면, 양국 국민은 좀 더 객관적 시각에서 양국 간 발생하는 오해를 줄여나갈 수 있을 것이다. 맹자는 "인지상식人之相識은 귀재상지貴在相知요, 인지상지人之相知는 귀재지심貴在知心"이라고 했다. 즉, 사람 간 왕래에서 가장 귀중한 것은 상호 이해이며 서로의 마음을 아는 것이라는 의미이다. 이처럼 국민들의 마음이 서로 통하도록 계속해서 양국 간 민간 우호 업무를 성공적으로 수행해 내는 것이 한중의 긴급한 과제이다.

이웃으로서 우리는 공존의 길을 모색해야 한다. 중국에는 6척 폭의 작은 골목이라는 육척항六尺巷 고사가 있는데 그 내용은 다음과 같다. 중국 안후이성에 이웃이었던 두 집이 각자의 집을 확장하는 과정에서 싸움이 일어났는데 한 집의 부인이 멀리서 관직을 하고 있던 남편에게 이 일을 해결해 달라고 편지를 보냈다. 그러자 그 남편은 "천 리 멀리서 온 편지가 단지 벽을 위한 것이냐? 벽을 3척 양보하는 것은 어떠냐? 만리장성은 여전히 존재하지만, 당시의 진시황은 보이지 않는다."고 회신했다. 그 부인은 남편의 편지를 받은 후에 집의 벽을 3척 뒤로 물렸고, 그것을 본 이웃도 자신의 벽을 3척 뒤로 물리면서 그 사이에 6척의 작은 골목이 생겼으며 이 골목은 지금도 존재한다. 이 고사는 이웃인 우리가 서로 이해하고 양보하라는 교훈을 주고 있다.

한중관계의 발전이 새로운 도전에 직면하고 있지만 개인적으로 대다수의 한국 국민들은 한중관계의 장기적이고 안정적인 발전이 국익에 부합한다고 생각할 것으로 믿는다. 우리가 예전의 적대관계로 돌아갈 것인지, 아니면 친구, 이웃, 또는 동반자로서 우리의 공동 발전을 위해서 선린우호의 길을 계속 개척해 나갈 것인지에 관련한 질문에 나는 양국 국민이 후자를 선택할 것이라고 굳게 믿는다. 양국이 상호존중, 평화공존, 상호신뢰, 협력과 공동번영을 유지한다면 한중 양국은 양국 간 갈등을 완화하고 더 안정적으로 발전할 수 있을 것이다.

중국사회는 관찰할 것이
참으로 많다

김동근 의정부시장

중국 유학의 계기

나는 현재 의정부시청 행정조직을 이끌며 시민들과 멋진 도시를 함께 만들어가고 있다. 경기도 행정 2부지사를 끝으로 30여 년의 공직생활을 마무리한 나는 대한민국 사회와 도시가 어떤 방향으로 나아가야 할지를 배우고 싶었다. 특히 경기도에서 공직 생활을 하면서 대한민국의 다양한 도시들을 견학했던 나는 이웃 국가이자 세계에서 큰 영향력을 갖고 있는 중국으로 가서 중국 사회가 갖고 있는 힘이 무엇인지, 중국 사회가 추구하는 방향성이 무엇인지 직접 눈으로 확인하고 싶었다. 2019년 3월 중국 칭화대학 방문교수 자격으로 중국에 도착한 나는 약 1년간 베이징에서 생활했다. 나는 학사과정으로 행정학, 석사과정으로는 도시 및 지역학, 박사과정으로는 응용사회학을 공부하면서 자연스럽게 중국의 도시 시스템에 관심을 갖게 되었다.

베이징에서 경험한 중국의 미래

나는 베이징에서 생활하며 중국의 과거와 현재, 미래의 모습을 만났다. "아직도 이러한 모습이 존재한다고?"라는 생각이 들게 만드는 장면을 마주하기도 했고, "중국이 벌써 이만큼이나 앞서 나가고 있었나?" 싶은 정도로 놀라운 중국의 발전상을 목격하기도 했다. 당시에 한국 사회에서 화두였던 핀테크 기술이 베이징에는 이미 보편화된 모습을 보면서 중국이 과거에서 현재를 잠시 거쳤다 미래로 빠르게 나아가고 있다는 것을 알게 되었다.

중국의 국토가 한국에 비해 훨씬 넓다는 것은 상식적으로 알고 있었지만 각 도시들도 그렇게 큰 지는 몰랐다. 이와 관련하여 경험했던 재미있는 에피소드가 하나 있다. 한국에서부터 알고 지냈던 지인으로부터 초대받아 연구를 마치고 나와 택시를 탄 적이 있다. 당시 시간은 오후 4시였는데 지인도 베이징에 살고 있었기 때문에 약속 시간 2시간 전에 택시를 타면 여유가 있을 것이라고 생각했다. 한국에서 도시 내부를 이동함에 있어서 2시간을 넘어본 적이 없었기에 나름 부지런히 이동했다고 생각했었다. 그런데 나는 베이징이 서울 면적의 27배가 되는지는 꿈에도 몰랐다. 당시 나는 서울에서 충청도까지의 거리를 이동해야 했고, 택시만 4시간을 타야 했다. 다행히 지인께서 양해를 해주셨지만 당시 너무도 죄송한 마음이 들었다. 중국 사람들이 생각하는 '스케일'의 크기가 우리의 기준과는 차원이 다르다는 것을 절실히 느꼈던 경험이었다.

중국은 면적이 넓은 것만큼이나 음식 선택의 폭도 넓었다. 중국 음식의 다양성은 어떤 환경과 재료를 가지고도 요리를 만들어 낼 수 있는 요리법에 있다. 거리에서 값싸게 먹을 수 있는 요리부터 최고급 요리까지 그 스펙트럼이 넓었다. 베이징에서 만난 외국인 친구와 어느 날 길을 걷다가 재미난 실험을 했다. 음식 재료들을 무작위로 섞은 조합을 하나씩 말해보고 실제로 중국에 그 요리가 있는지 검색해보는 것이었다. 각각 5개씩 음식 조합을 말하고 찾아봤더니 총 10개 가운데 무려 7개가 중국 음식 중에 있었다. 요리에 대한 중국인들의 열정, 호기심, 실험정신을 느낄 수 있었다.

베이징에서 받은 '도시' 영감

베이징에서의 경험 중에서 가장 인상적이었던 순간은 '다산쯔 798예술구'를 방문했을 때였다. 구소련과 독일의 기술로 세운 무기공장인 다산쯔 798예술구는 중국 공업화의 역사를 간직하고 있는 장소다. 공장이 외곽으로 옮겨진 후 젊은 작가들이 기존의 공장 터를 예술공간으로 만들었는데 정부가 아예 그곳을 10개의 문화창의산업 집중구로 지정했다고 한다. 기존 건축물을 그대로 존치한 채 리모델링을 통해 역사성을 보존하고 새로운 가치를 만들어 내는 모습에 크게 감명을 받았다.

과거 70여 년간 군사 도시였던 의정부에는 아직 반환이 완료되지 않은 미군기지가 약 45만 평이 있다. 그중 하나인 캠프레드클라우드를 가급적 원형 그대로 보존하면서 거대한 군사 캠프였던 장소를 시민들을 위한 캠퍼스 예술 파크로 조성하고 싶다는 생각이 들었다. 과거 미군사령부 건물이 창업캠퍼스가 되고, 미군체육관이 콘퍼런스홀이 되고, 미군교육장이 예술공방이 된다면 얼마나 좋을까 상상해 본다. 그렇게 우리 사회가 걸어왔던 삶의 궤적 속에서 현재를 찾고 또한 그 궤적을 이어 미래로 연결하고자 한다. 중국 베이징에서 받았던 영감 이 미군기지를 시민들의 품으로 온전히 돌려주고자 하는 계획으로 이 어지게 된 것이다.

중국 사회는 관찰할 게 참으로 많다. 중국 사회는 대한민국 사회와 유사한 점도 많지만 상이한 점도 매우 많다. 중국 생활에서 집중적으 로 관찰했던 부분은 바로 그 '상이한' 부분이다. 그 차이의 이유가 무엇 일까? 그 차이로 인해서 중국 사회가 갖게 된 힘은 무엇이고 중국사회 가 해결해야 할 과제들은 무엇이 있을까? 이런 문제들을 고민하는 과 정을 통해서 대한민국 사회를 조금 더 객관적으로 바라볼 수 있게 되 었다.

제2부

한국과 중국에서 지혜를 얻다

- 유학 경험 전문가들

내가 20년 넘게 중국에 사는 이유

이혁준 현대자동차그룹 중국 대표

'중국의 기적'

2022년은 한중수교 30년이다. 수교 이래 한중 양국은 경제와 무역 협력, 인문 교류 등의 분야에서 큰 성과를 거두었고, 중국 내 한국 기업의 발전을 적극적으로 추진해 왔다. 특히 올해는 현대차그룹의 중국 진출 20주년으로 매우 의미가 깊은 해이기도 하다.

나는 1992년 한중수교 이후 처음으로 중국에 온 한국 유학생으로서, 20년이 넘게 중국에서 공부하고 일하며 살고 있다. 그동안 중국 경제의 호황과 과학기술의 발전을 지켜보며 하루가 다르게 변화하는 중국의 모습과 눈부시게 발전한 현대차의 중국 사업을 실감했기 때문에 나는 한중 양국의 미래 발전을 굳게 믿고 있다.

1978년과 2001년은 중국에게 중요한 전환점이었는데 개혁개방과 WTO 가입이라는 두 가지 상징적인 사건은 중국 경제의 발전을 촉진하는 큰 원동력이 되었다. 덕분에 중국은 세계에서 가장 빠르게 성장하는 나라가 됐다. 불과 40년 동안 중국은 완벽한 발전 계획을 수립하여 경제, 공업, 기술 등 다방면의 발전을 세계에 보여주었고, 대외 개방의 지속적인 확대와 비즈니스 환경의 최적화를 통해 글로벌 기업의 성장과 발전에 중요한 기회를 제공했다.

2021년 중국의 1인당 국민소득은 1만2,400달러로 세계은행이 정한 고소득 국가 수준1만 2,700달러에 육박한다. 기술적 측면에서 중국은 선진 기술과 새로운 비즈니스 모델을 결합해 새로운 산업을 창출하고 미래 혁신 사회를 이끌고 있다.

1970년대와 1980년대에 한국이 이룩한 경제고도성장을 "한강의 기적"이라 부르듯이, 개혁개방 이후 중국이 이룬 경제, 과학기술, 문화, 국제적 위상 등 여러 가지 발전의 성과도 '중국의 기적'이라 할 수 있다. 중국 경제는 엄청난 근성과 강력한 발전 잠재력을 가지고 있어 꾸준한 성장을 지속할 것이라고 생각한다.

중국, 자동차 대국에서 강국으로

중국 자동차 시장은 연간 약 2,500만 대 규모로 세계 최대 자동차 시장이자 최대 자동차 생산국이다. 동시에 중국은 세계 최고의 자동차 기술력을 보유하고 있다. 특히 자율주행과 미래 신기술과의 결합 측면에서 중국은 자동차 대국에서 자동차 강국으로 발전하고 있다.

중국은 경영환경 개선을 위해 외국인투자법을 포함해 여러 제도를 도입했다. 최근 2년간 자동차 업계가 승용차와 상용차에 대한 외국인

전용 주식의 비율 규제를 철폐하면서 현대차를 비롯한 외국투자기업들의 중국 투자 확대에 힘이 실릴 것으로 보인다. 이러한 정책을 바탕으로 중국과 외자기업 간 다양한 협력 모델이 형성될 것이고, 이에 따라 더 많은 선진기술이 중국에 도입돼 중국 자동차산업의 발전이 가속화될 것으로 전망된다.

현대차그룹은 2002년 중국 진출 이후 15개 계열사와 67개 법인을 설립해 자동차 총판매량 1,800만 대, 총투자 규모 185억 달러를 달성했다. 현재 현대차그룹은 자동차, 부품, 철강, 물류, 금융 등을 포함한 자동차 관련 산업체인 전 분야에서 사업을 추진하고 있다. 현대차그룹은 중국 자동차 시장의 성장에 본격적으로 참여하면서 글로벌 최신 제품과 기술, 서비스를 중국에 지속적으로 도입하고 중국 고객들에게 최상의 모빌리티 서비스를 제공하여 중국 시장에서 '현대 속도'의 성장 기적을 만들어냈다.

이제 현대차그룹은 전통적인 자동차 제조사에서 스마트 모빌리티 솔루션 제공업체로 바뀌고 있다. 이러한 전환기를 맞은 현대차에게 중국은 가장 중요한 시장이다. 시장이 빠르게 변화하고 있지만, 현대차그룹은 중국 소비자의 니즈에 맞춘 현지화 제품과 기술, 신에너지 자동차의 도입 등 중국 사업의 지속 가능한 발전을 위해 노력하고 있다.

2020년 9월 시진핑 주석은 제75차 유엔총회 연설에서 2030년을 정점으로 이산화탄소 배출량을 최대한 억제하고 2060년까지 탄소 중립을 달성한다는 '쌍탄双碳' 목표를 선언했다. 중국은 올해 3월 '수소 산업 발전 중장기 계획2021~2035년'을 발표하면서 수소 발전이 국가 에너지 전략으로 부상할 수 있는 기반을 마련했다. 이에 현대차, 기아차, 현대모비스 등 주요 계열사는 2045년 탄소 중립을 목표로 모든 차량의 전동화 및 RE100 100% Renewable Electricity 가입을 추진하고 있다.

현대차그룹은 1998년부터 수소연료전지기술의 연구개발을 시작해 수소 에너지가 출시돼 글로벌 판매 1위를 기록했다. 이러한 성과로 현대자동차그룹은 수소연료전지 및 친환경기술 분야에서 세계 선두의 자리를 확보했다.

현대차그룹은 중국의 탄소중립 목표의 조기 달성을 돕기 위해 선도적인 수소연료전지 기술을 바탕으로 2021년 초 광저우에 해외 첫 수소연료전지시스템 생산기지 약칭 'HTWO 광저우'를 건설하고 올해 말 완공을 앞두고 있다. 앞으로 국내의 우수한 수소에너지 상하류 기업을 물색해 자동차, 발전기, 선박, 기차, 공장, 발전소, 주택 등에서 수소연료전지시스템 공급을 지속적으로 확대해 부품 현지화 조기 생산에 기여하고 수소 산업에서의 전방위 협력을 추진할 계획이다. 중국의 수소정책 추진과정에서 현대차그룹이 광저우시, 광둥성 더 나아가 웨강아오 대만구의 수소사업 발전을 돕고 중국 수소에너지 사회의 건설을 추진할 수 있을 것으로 믿는다.

중국 자동차산업의 잠재력 크다

한중수교 30주년을 맞이해서 양국의 경제무역협력을 강화하는 것은 시장과 시대의 선택일 뿐만 아니라 쌍방의 공동이익에도 부합한다. 역내포괄적경제동반자협정RCEP은 양국의 경제무역협력에 새로운 플랫폼과 기회를 제공할 것이다. 현대차는 올해 중국 합작법인인 베이징현대차와 기아차 유한회사에 98억 위안약 1조 7,000억 원을 증자하고, 합작기업의 순수 전기차 생산라인 도입을 도와 전동화 상품 매트릭스를 구축하고, 스마트 커넥티드카ICV의 개발과 생산 효율성 향상에 힘써 전통적인 자동차 기업의 변화를 모색할 것이다.

최근 몇 년간 현대차그룹의 중국 사업은 많은 도전에 직면해 있지만, 중국 정부의 수준 높은 대외 개방 확대 정책 아래 중국 투자에 대한 신뢰는 흔들리지 않고 있다. 위기가 기회가 될 것이라고 믿는다. 앞으로 현대차는 양국의 좋은 관계를 바탕으로 전동화, 커넥티드카, 자율주행, 수소연료전지 기술 등을 통해 중국의 '쌍탄' 달성에 도움이 되는 새로운 녹색성장 동력을 육성하고, 미래 기술 분야에 적극적으로 투자하여 사업의 지속 가능한 발전을 추구할 예정이다.

앞으로 30년 동안 한중 양국이 경제와 무역 협력 분야에서 서로 윈윈할 수 있기를 기대한다. 중국 시장의 외자기업으로서 현대차는 중국의 파트너기업들과 함께 발전하며 중국 자동차 산업의 도약을 도울 것이다.

그때 그 친구가 보고 싶다

김진아 한국외대 통역번역대학원 교수

중국 민항기 사건으로 시작된 양국 소통

"에에엥~~" 봄 햇살 가득한 1983년 5월 5일 어린이날, 평화로운 오후를 한순간에 전쟁의 공포 속으로 몰아넣는 사이렌 소리가 요란했다. 사이렌 소리를 들은 대학 동기 아버님께서는 전쟁이 끝나면 시청 앞에서 만나자고 하시며 금고에 넣어둔 돈을 몽땅 꺼내 가족들에게 나눠주었다는 전설 같은 후일담이 친구들 사이에 회자될 정도였으니 당시 상황이 얼마나 급박했는지 짐작할 수 있다.

사건의 전말은 이랬다. 중국민항 296편이 당일 11시 선양시 둥타東塔공항을 출발하여 상하이 훙차오虹橋공항으로 향하던 중 줘장런卓長仁 등 6명의 납치범에 의해 강원도 춘천 미 육군 항공 기지인 캠프 페이지Camp Page에 불시착했다. 이러한 대형 사건이 발생했으니 당시 전쟁이 발발했다고 오해할 법도 했다.

1949년 10월 1일 중화인민공화국이 건국된 후 30년이 넘는 세월 동안 완벽하게 죽의 장막에 가려져 있던 중국은 우리와 그 어떤 접점도, 교집합도 찾아볼 수 없었다. 그러나 '중국 민항기 불시착 사건'이 발생한 지 3일 만에 중국민용항공국장 선투沈圖및 33명의 관리와 승무원이 서울을 방문하는 초유의 사태가 발생했다. 지금 되짚어봐도 봄날 잠간 꾼 꿈같은 일이었다.

당시 대학 1학년이었던 나는 통역요원으로 선발되어 민항기에 탑승했던 중국 승객과 승무원이 묵고 있던 워커힐호텔로 향했다. 설렘, 기대감, 걱정, 호기심 등 복잡한 심경으로 그들과의 만남이 이루어졌다. 당시 매체들은 먼 나라에서 온 이웃 나라 사람들을 호기심 어린 눈으로 바라보며 이들의 일거수일투족을 연일 대서특필했다. 프로스펙스 신발 공장을 비롯한 산업체 시찰과 여의도와 자연농원 관광 이외에도 갈비와 냉면 등 한국 전통음식을 대접하고, 컬러 TV를 비롯한 선물 공세까지, 극진한 손님 대접이 결국 굳게 닫힌 쇠 빗장을 열고 양국이 소통을 시작하는 계기가 되었다.

수교 이전에 만난 중국사람들

그동안 양국 모두 관계 개선을 오래도록 소망해 온 것처럼 이 사건을 시발점으로 1984년 아시아 농구 선수권 대회, 수영 선수권 대회에 이어 1986년 아시안게임, 1988년 서울 올림픽 등 각종 스포츠 교류의 물꼬가 제대로 터졌다. 덕분에 중국인이라고 하면 타이완 사람과 화교가 전부인 줄 알았던 나는 다소 딱딱하지만 아주 신선한, 여러 지방

사투리가 섞인 중국어를 접할 수 있었다.

1984년 아시아 농구 선수권 대회 중국팀 통역을 맡은 나는 아직도 당시 기억과 충격이 새록새록하다. 중국팀에는 선수와 코치 그리고 팀 전체를 이끌고 온 책임자인 비서 호칭의 정부 측 인사가 있었다. 비서는 한국어에 능통했다. 비서의 첫인상은 너무 딱딱해 나도 덩달아 긴장하였지만, 며칠이 지나 그분이 먼저 한국어로 우리의 민요 '아리랑'부터 '봄이 왔네 봄이 와~'등을 한국어로 부르자, 그분에 대한 긴장과 오해가 순식간에 눈 녹듯 사라지면서 이런저런 이야기를 하는 사이가 되었다. 한중수교부터 지금까지 30년이 흘러 빈번한 인적 교류와 유학생이 있어서 한국어를 하는 중국인을 보아도 신기하지 않지만 당시는 너무 신기하고 반가웠다.

게다가, 보기에도 사람 좋아 보이는 중국 남자 농구팀 코치는 늘 내게 먼저 수고가 많다며 인사를 건넸다. 따뜻함을 팍팍 풍기는 코치님의 온화한 미소를 보면서 나는 그들도 우리와 같은 심장이 있음을 깨달았다. 여자 농구팀 선수들은 성별도 같고, 또래였기 때문인지 훨씬 더 친근하게 느껴졌다. 그래서 만나면 반갑고 얘기도 많이 나누고 싶었지만 선수들은 훈련스케줄에 따라 단체로 움직여야 하고 코치와 비서 눈치도 살펴야 했기 때문에 이런저런 얘기를 맘껏 나눌 수 없었다.

20대 시절, 젊고 순수했던 우리는 이념, 체제 그 무엇도 중요하지 않았다. 그저 속절없이 흐르는 시간을 겪으며 하루하루가 아쉬웠다. 짧은 만남이었지만 서로를 바라보는 정이 담뿍 담긴 눈빛에서 서로의 마음을 헤아릴 수 있었다. 각별하게 지냈던 선수와 나는 떠나기 하루 전날, 헤어짐에 하염없이 눈물을 흘렸다.

그 후 8년이라는 시간이 지났고, 1992년 8월 24일 한중수교가 이루어졌다. 이제는 마음먹고 조금만 시간을 내면 중국 친구들과 전화로 수다를 떨며 지낼 수 있는 세상이 되었다. 이 글을 쓰는 내내 그 친구가 행복하게 잘 지내고 있기를 기대해본다.

영어학도, 중국전문가가 되다

이동규 아산정책연구원 연구위원

중국 유학을 결심하다

나는 중국 칭화대학에서 박사 학위를 받고 현재 아산정책연구원 지역연구센터에서 중국전문가로 활동하며 중국의 정치외교, 한중관계, 동아시아 안보를 연구하고 있다. 가끔 대학 친구들을 만날 때면, 그런 나를 그들은 내가 중국 정치를 공부하러 중국 유학을 갔다 왔다는 얘기를 하면 의아한 표정을 짓는다. 왜냐하면 나는 한국외국어대학교 영어과를 졸업했기 때문이다.

그럼에도 대학 시절 내가 중국에 흥미를 느끼고 중국에 유학을 가게 된 것은 '대륙의 딸'이라는 한 권의 책 때문이었다. 이를 통해서 나는 내가 현대 중국에 대해서 아는 것이 거의 없다는 것을 알게 됐다. 그때까지 근대 이전 중국의 역사에 대해서 많이 알고 있다고 자부했고 중국이 유교 문화 등으로 한국과 유사한 문화를 가지고 있었다고 생각했었기 때문에, 내가 모르던 현대 중국의 모습은 더욱 깊은 인상을 남겼다. 서구 열강과 일제의 침략을 물리치고 세워진 현대 중국, 사회주의 국가로서 한국과는 전혀 다른 역사발전 과정을 거친 중국, 그리고 개혁개방으로 변화하고 있는 중국은 미지의 세계이면서도, 역동적이고 매력적인 나라로 여겨졌다. 이때부터 중국에 큰 관심이 생겼고, 제2외국어로 중국어를 공부하면서 중국을 더 알기 위해서 중국 유학을 생각하기 시작했다.

대학원 석사 과정에서 한 교수님과 진로 상담을 했던 적이 있다. 그분은 중국 유학을 가고 싶다는 내 말에 중국을 연구하기 위해서는 미국에 가는 것이 낫다는 조언을 해주었다. 그러나 나는 중국 유학을 쉽게 포기할 수 없었다. 학문적 성취만을 위해서 중국을 공부하는 것이 아니었기 때문이다. 나는 책이나 영상을 통해서 중국을 알고 싶지 않았고, 빠르게 변화하고 발전하는 중국의 실상을 직접 느끼고 싶었다. 중국 사람들을 직접 만나 그들의 생각을 듣고 싶었고, 그 문화와 생활방식을 경험하고 싶었다. 그래서 2005년 8월 중국 베이징에 가서 어학연수를 하며 박사과정 입학 준비를 시작했다.

중국 동기들의 배려심에 감동하다

외국에서의 유학 생활은 쉽지 않았다. 한국과는 다른 학교 시스템, 문화, 생활방식으로 하나하나 새로 배워야 했고, 그 과정에서 좌충우돌하기도 했다. 경제적 문제로 학업을 중간에 쉬고 일을 하기도 했다. 그러나 힘든 칭화대학 박사과정을 무사히 마치고 학위를 받을 수 있었던 것은 이 기간 중국에서 만난 사람들의 도움이 컸다. 특히, 내가 운이 좋았는지 모르지만 칭화대학에서 만난 중국 사람들은 모두 포용심과 따뜻함이 있었다.

지도교수님이었던 챠오더번曹德本 교수님을 생각하면 지금도 감사한 마음과 죄송스러운 마음이 동시에 떠오른다. 나는 2007년 9월부터 2015년 1월까지 학과 내의 다른 학생보다 박사과정을 오래 했다. 결혼 후 경제적 이유로 휴학을 하고 일을 하기도 했고 2013년도에는 가정 문제로 힘이 들어 교수님에게 박사과정을 그만두겠다고 말씀드리기도 했다. 교수님 입장에서 생각하면 참 답답하고 부족한 학생이었을 것이다. 하지만 교수님은 내가 어떤 결정을 내리든지 항상 그 결정을 지지해 주셨다. 많은 말씀을 해주시지 않았지만, 어깨를 두드리며 "박사 과정이 원래 힘들다. 힘을 내라!"고 하신 그 격려의 말씀 한마디가 내게는 정말 큰 힘이 됐다. 교수님께 진심으로 감사의 말씀을 드린다.

4명의 입학 동기들은 내가 외국인이라는 이유로 배척하기보다 내가 놓치기 쉬운 학교 행사나 과제를 알려주는 등 항상 나를 배려해줬다. 동기들을 생각할 때면, 다른 무엇보다 2008년 설날 때의 추억이 떠오른다. 그때 내가 한국에 가지 않고 베이징에 있는 것을 어떻게 알았는지 학과 동기였던 레이 형으로부터 연락이 왔다. 사실 당시에는 서로 교류가 많지 않았기 때문에 전화를 받았을 때 누구인지도 몰랐다. 이 형은 설날에 다른 일이 없으면 자기 집에 오라고 나를 초대했다. 레이 형의 집에 찾아갔을 때 나를 맞이한 것은 형의 대가족이었다. 레이 형의 부모님과 가족, 그리고 다른 친척들이 모두 나를 반갑게 맞이해줬고, 왁자지껄한 분위기 속에서 저녁 식사를 하고 폭죽도 같이 터뜨리며 정말 즐겁게 설날을 보냈다. 외국인으로서 평소에 경험할 수 없는 중국의 춘절 문화를 경험할 수 있는 좋은 기회였기도 했지만, 무엇보다 외롭게 설날을 보내지 않도록 먼저 초대한 그분들의 배려와 따뜻함을 깊이 느끼고 외국에서도 행복한 설날을 보냈던 소중한 시간이었다.

혹자는 미국이나 서구국가에서 유학을 한 사람들의 영어 실력이나 학문적 깊이를 부러워하기도 한다. 그러나 나는 중국 유학을 후회하지 않는다. 힘든 시간도 있었지만, 되돌아보면 그 기간은 내 인생에서 충만한 만족감을 느끼며 행복하게 지냈던 시간이었다. 학문적 발전은 물론, 중국에서 중국의 변화와 발전을 직접 경험하며 중국에 대한 호기심을 채우는 한편, 교수님과 동기들, 그리고 여러 중국 친구들을 만나 소중한 인연을 만들며 내 삶을 더욱 풍성하게 만들었던 소중한 시간이었다.

한중 교량 후배들이 더 많아졌으면

중국을 직접 체험한 유학 경험은 졸업 이후 중국 전문가로서 중국 연구를 하는 데에 있어서 큰 도움이 됐다고 생각한다. 그것은 중국 내 인적 네트워크를 구축하는 자연스러운 길일 뿐 아니라, 중국인들의 사고방식과 시각을 바탕으로 현대 중국을 보다 정확하게 이해하고 전망하는 데에 유익하기 때문이다. 비록 그것이 겉으로 드러나지 않는 작은 차이일 수 있지만, 책이나 외부의 시선으로는 알 수 없는 그 미묘한 차이가 다른 사람과는 차별된 자신만의 전문성을 키우고 관련 분야를 연구하는 데에 중요하기 때문이다.

물론, 각자의 생각, 각자의 위치나 업무가 다르기 때문에 중국에 대해서 우호적일 수도 있고 비우호적일 수도 있다. 그러나 중국이나 한국에서의 경험을 토대로 상대방을 보다 정확하게 알고 이해할 수 있다는 것에는 변함이 없고, 이것이 한중관계의 건강한 발전과 미래 협력의 토대가 될 것임은 분명하다. 한국이 어떻게 한중관계를 발전시키고, 그 과정에서 어떻게 자국의 이익을 추구할 것인가 하는 문제는 결국 중국에 대한 정확하고 객관적 이해와 직결된다. 향후에도 중국에 대한 관심이 더욱 높아지고 유학생 등 인적 교류가 활성화되기를 희망한다. 중국을 깊이 이해함으로써 한중관계의 발전에 노력하는 후배들이 한국 내에 더 많아지기를 기대한다.

인연이 있다면

김신 키스메트 코리아 대표

중국 유학의 계기

나는 중국과 관련하여 조금은 독특한 이력을 가지고 있다. 비록 대학에서 처음으로 중국어를 접하며 중어중문학을 전공했지만, 졸업 이후에는 코트라 및 삼성 본사에서 프로젝트 관련 투자 업무를 담당하면서 중국이 아닌 기타 국가와의 해외업무를 주로 담당했다. 그러다 보니 한동안 중국과 소원해지게 되었고, 그럴수록 중국을 다시 제대로 경험하고 싶다는 막연한 갈망이 커졌다. 삼성에서 한국 최고의 대기업이라는 수식에 걸맞게 정말 좋은 경험들을 많이 쌓을 수 있었지만, 항상 '중국'이라는 키워드가 내 마음 한편에 자리 잡고 있었다. 업무 과정에서 해외 시장에서도 선전하고 있는 다수의 중국 업체들과 교류하다 보니 문득, "중국은 어떠한 정책 기조로 나아가는 것일까?", 또한 "중국은 향후 한국에 어떤 의미로 다가올까?"에 대한 근본적인 질문들을 해소하고 싶다는 생각이 들었고, 그렇게 다시 용기를 내 중국으로 유학을 가게 되었다.

2018년, 나는 삼성에서의 7년이란 시간을 뒤로하고, 다시 학생 신분으로 칭화대학 공공관리학원에서 석사과정을 시작했다. 주변에서는 응원해 주신 분들도 많았지만 동시에 "좋은 직장을 그만두고 다시 제로베이스에서 시작해야 하는 상황을 왜 선택하느냐"는 걱정도 많았다. 개인적으로는 그 시간이 나 스스로가 정말 원하는 것이 무엇인지, 앞으로 어떤 길을 개척하고 싶은지 온전히 스스로에 대해 생각하면서도 내가 좋아하는 중국이라는 나라에 대해 그들과 정책적으로 문화적으로 더욱 깊숙이 교류하고 몸소 체감할 수 있는 소중한 시간이었다. 그렇게 대학교 1학년인 20살에 처음 접했던 중국이라는 나라는 시간이 흘러 마치 다시 찾은 첫사랑처럼 내게 특별하고 남다른 의미로 다가왔다.

칭화대에서의 추억

중국에서의 짧고 긴 경험이 어느 정도 있는 한국인들은 누구나 '중국통'이 되고 싶어 한다. 나도 학업이나 업무로 중국에 머물렀다는 단순한 생활 배경과 표면적인 교류를 넘어 중국의 매력을 실감하고 중국인의 포용성을 피부로 체감하고자 노력했다. 그래서 나는 교내외에서 참여할 수 있는 활동에 매우 적극적으로 참여하고자 했다. "만권의 책을 읽는 것보다 만리의 길을 걷는 것이 낫다读万卷书不如行万里路"라는 중국 속담처럼 중국의 친구들과 직접 교류하면서 중국을 제대로 경험하기 위해서였다.

예를 들어, 여름방학에 참가한 사회실천단기 연구 인턴십 등이 대표적이다. 나는 항상 나 자신이 '외국인'이라는 외투를 벗어버리고 적극적으로 이러한 실천 활동에 참가해야 한다고 생각했기 때문에 여름방학 이전에 몇 번이고 칭화대학 담당 행정선생님을 찾아가서 "다른 중국 학우들과 함께 참여하고 싶은데 방법이 없겠나?"며 귀찮게 해드렸던 기억이 있다. 결국 관련 지방정부의 투자국에서 외국 유학생에 대해서도 받아줄 의향이 있다는 답변을 받았고, 2주 남짓한 기간 동안 중국 윈난성 옥계시玉溪市로 배치받아 소중한 경험을 쌓을 수 있었다. 사회실천에 참가한 것은 힘들게 얻은 활동 기회인 동시에, 나 스스로에게 가볍지 않은 도전이기도 했는데 그때 가장 인상 깊었던 점은 바로 중국의 "포용성"이었다.

인연을 소중히 하다

나는 이 사회실천을 포함하여 중국에서의 크고 작은 경험과 인연에서 그들이 보여준 진실한 우의에 감동했고 마음속에 영원히 기억할 것이다. 감사하는 마음으로 나는 조그만 꿈을 꾸고 있다. 바로 한중 미래 관계에서 미약하나마 적극적으로 우호 증진을 위한 교량 역할을 하면서, 양국의 유의미한 교류에 기여할 것이다.

학업적인 면에서나 생활면에서도 열성적으로 임하면서 나는 중국 친구들에게도 긍정적인 에너지가 전해질 수 있도록 노력했다. 한국에 돌아와서 창업을 하고 중국과 관련된 업무를 하면서도 이러한 마음가 짐을 잘 유지하고자 노력하고 있다. 내가 창업한 키스맷 코리아KISMET KOREA는 중국 진출 기업컨설팅, 스타트업/중소기업 BM 수립, 투자유치, 브랜딩 및 디지털 마케팅, 바이어 발굴 및 멘토링 서비스 등을 업무 영역으로 하고 있다. 사명社名 KISMET은 '인연'이라는 뜻으로, 중국 속담 "인연이 있으면 천 리를 떨어져 있어도 또 만나게 되고, 인연이 없으면 서로 얼굴을 맞대고 있어도 알아보지 못한다有缘千里来相会, 无缘对面不相逢"의 의미를 반영해 지은 이름이다. 한중 간의 우호 관계와 인연을 중시하고, 나아가 다양한 교류의 기회를 탐색하고 협력하고 지원하는데 최선을 다하는 키스맷이고 싶다.

20여 년 전의 한 꼬마는…

민지수 LG전자 경영지원부 프리젠터

11살의 나, 중국에 반하다

"참 따뜻하다". 중국에 대한 내 첫인상이다. 10살의 끝 무렵이던 2001년 겨울, 우연한 기회로 상하이의 한 국제학교 캠프에 참가했었다. 처음 중국 친구들과 인사를 하는데, 그 친구들이 어색한 한국어 발음으로 나에게 "안녕하세요" 하며 인사를 하고, 계속해서 한국 문화와 관련된 책을 보여주고 노래도 들려주며 말을 이어 나갔다. 이런 그들의 따뜻한 손길에 나 역시도 자연스럽게 중국문화에 흠뻑 빠지게 되었고, 중국에서 유학을 하고 싶다는 생각을 가지게 되었다. 당시에는 지금처럼 스마트폰이 없었기 때문에 두꺼운 종이 사전을 들고 다니며 소통해야 했는데 오히려 그런 불편함이 한편으로는 너무나도 즐거운 경험이었고, 중국 유학에 대한 꿈은 더 커졌다.

아버지는 상하이 캠프 이후 중국유학을 향한 내 열정을 단번에 알아보셨다. 아버지는 내 눈이 이글이글거렸다고 말씀하셨고, 중국어 과외 수업을 받을 수 있도록 도와주셨다. 중국인 선생님과 수업하며 중국의 민족, 역사, 지리, 요리, 노래 등에 대한 다양한 정보를 접하게 되었고, 점점 시야가 넓어지는 듯했다. 선생님은 발레를 배우고 있던 내게 중국 전통 복장을 접목한 발레복 디자인을 건네주며 몇 가지 중국 전통 춤 동작까지 지도해주셨다. 이때 배운 동작을 기초 삼아 나중에 대회에 출전해 우수한 성적까지 거두기도 했다.

이후 나는 2005년에 중국 칭다오로 유학을 떠나게 되었고, 중국어 선생님 두 분을 만나게 되었다. 그분들은 각각 한족 선생님과 조선족 선생님이었는데, 두 선생님과 공부하며 중국의 다민족 문화에 점점 익숙해졌다. 두 선생님의 도움으로 중국인 친구들과 자유롭게 교류할 수 있을 정도로 중국어 수준은 빠르게 향상되었는데 이때가 중국 문화를 이해하는 데 있어 큰 마중물 역할을 했던 경험이라고 생각한다. 나는 중국인 친구들과 같은 실력으로 공부해보겠다는 욕심이 생겨 중국어뿐 아니라 영어도 열심히 공부했다. 그래서 방학 때는 한국으로 돌아오지 않고, 친구들과 영어 번역 공부를 함께하며 캐나다 어학연수를 다녀오기도 했다. 덕분에 영어 실력도 빠르게 늘었고, 여러 차례 영어 과목을 전교 1등 성적을 유지했다. 그 후로 중국인 친구들에게 영어 공부로 도움을 주며 자신감이 향상되었고, 중국 유학 생활을 성공적으로 이끌어 갈 수 있었다.

본격적인 '중국어' 전문가로 나아가다

고등학교 졸업 후, 귀국해 한국 소재 대학에서 중어중문학을 전공하게 되었다. 한국 대학교였음에도 불구하고, 사실 중국이나 다름없는 환경에서 대학생활을 마쳤다. 대학교 지도교수님께서는 내가 중국에서 유학한 경험이 있으니 한국에서 생활하는 중국인 유학생들에게 좋은 친구이자 동료가 되어줬으면 한다며 중국인 유학생 동기들을 소개해 주셨기 때문이다. 나는 첫날부터 중국인 친구들이 거주하는 기숙사에 가서 서로 요리를 가르쳐주고, 가끔은 중국인 유학생들에게 한국어 선생님이 되어 한국어 발음을 교정해주기도 했다. 종종 유학생도 참가 가능한 대외활동 정보를 발견하면 친구들에게 공유하며 취업 준비 기간에는 서로 면접관이 되어주며 취업 준비를 했다. 졸업 후, 친구들은 각각 한국 기업에 취직을 하거나 한국 소재 대학원에 입학했고, 나 역시 친구들을 따라 중국정부장학생 프로그램을 신청했다.

이후에도 중국과의 인연은 끊이질 않았다. 정말 운이 좋게도 중국정부초청장학생으로 선발되었고, 베이징 대외경제무역대학 한중동시통역학을 전공하게 되었다. 그 결과 중국인 교수님들을 많이 알 수 있는 기회를 얻었고, 중국 유학과 관련된 많은 정보를 접하며 다양한 도움을 받기도 했다.

2014년 대학원에 입학한 지 얼마 되지 않아 주중한국대사관과 한국무역협회가 주최하는 한중청년마케팅아이디어 대회에 한국의 '아름다운 가게' 중국 시장 진출 방안이라는 주제로 참가했다. 한중 양 국민이 봉사활동 영역에서의 교류도 확대 가능할 것이라고 생각했고, 결국이 아이디어로 대회에서 1위를 수상했다. 물론 당시 한국의 의류, 화장품, 영화, 드라마 모두 중국에서 사랑받는 한국 제품이긴 했지만 개인적으로 이것들은 물품에 제한되는 무역의 한 방식이라고 여겨졌고, 인문 교류와 문화 교류도 지속 발전되어야 할 필요가 있다고 느꼈기에 제안하게 된 아이디어였다.

2014년부터 2016년까지 대학원 재학기간 동안 서영빈 학장님의 지도하에 다양한 통번역 행사에 참가했는데 그중 가장 기억에 남는 행사는 CJ한중 꿈키움 영화제에서 강제규 감독, 배우 송승헌 등 한중 양국 유명 감독 및 배우에게 통역을 한 경험이다. 그뿐만 아니라, CJ E&M 대외협력팀에서 인턴 생활을 하며 한중 양국 영화, 드라마 등 미디어 영역을 접해볼 수 있는 기회를 가졌다. 당시 서영빈 학장님께 학업적 고민을 말씀 드렸을 때, 한중 비교문학 전공을 추천해 주셨고, 큰 무대에서 쌓은 경험을 통해 나의 한중 비교 문학에 대한 관심 역시 커져갔다. 중국문화에 대한 열정으로 밤낮없이 생활했던 대학원 생활을 마칠 무렵 나는 상하이시정부 장학생 프로그램을 신청하며 또 한 번의 가슴 떨리는 도전을 하게 되었다. 석사 졸업 전 상하이시정부 장학생으로 선발되었다는 소식과 함께 상하이 푸단대학 비교문학 박사 과정에 합격했다. 당시 다른 계획이 생겨 박사과정에 입학하지 않고 귀국했지만, 정말 값진 경험이었다.

중국 유학 기간 동안, 다양한 통번역 행사에 참가한 경험 외에도 60여년 역사를 가진 미스코리아 중국 해외지역 대회에 출전했다. 통역 행사를 위해 올랐던 큰 무대 경험 덕분에 자신감을 가지고 임할 수 있었다. 중국에서 유학하던 한국인 유학생들과 함께 한 무대에서 경쟁

하며 춤과 스피치를 선보였는데, 치파오를 입고 〈상환〉, 〈달빛이 내 마음을 대신해요〉 등 중국 대표 여가수인 덩리쥔邓丽君의 노래를 불렀고, 그 결과 중국 지역대회 미美를 수상했다.

한중 우호를 염원하는 한사람으로서

2022년 한중수교 30주년을 맞았다. 한중서예특별전에서 한중 MC로 활약하며 김진표 국회의장 및 싱하이밍 주한중국대사 등 한중 양국 유명 인사들의 다양한 회고 내용을 경청하기도 했다. 이러한 경험은 한중 양국 교류의 중요성과 필요성을 느끼게 했다. 동시에 한중 양국 문화를 공부하는 학생들에게 조금이라도 보탬이 되기 위해 제주대학교에서 특강을 진행하였고, 주제주총영사관 주최 한중수교 30주년 행사에서 한중 MC로 다양한 경력을 쌓아나가고 있다.

20여 년 전의 한 꼬마는 한차례 중국 여행으로 중국 문화의 매력에 흠뻑 빠져 학업, 직업 모두 중국 문화와 떼려야 뗄 수 없는 경험들을 하게 되었다. 내게 중국 관련 경험은 인생의 가장 큰 자산이며 중국은 내게 제2의 고향을 넘어서서 미래의 등불이기도 하다. 중국 유학 생활이 준 경험과 추억은 나를 더욱 강하게 만들어 주었고, 항상 내 곁에서 도움을 주신 부모님과 중국인 선생님, 친구들 덕분에 늘 자신감 있게 살아올 수 있었다.

2022년은 또한 한중 문화 교류의 해이기도 하다. 포스트 코로나 시대에도 한중 양 국민이 다 함께 노력해 어려움을 극복하고, 인문 교류

영역이 더욱 확대되어 한중 양국 문화와 언어를 공부하는 사람들에게 더욱 많은 기회가 전해질 수 있도록 다양한 한중 양국 문화 교류 플랫폼이 구축되길 소망해 본다.

"꿈을 이루는 길이 멀고 먼 길일지라도, 나는 멈추지 않고 걸어 나갈 것이다 路漫漫其修远兮，吾将上下而求索." 한중 우호를 염원하는 한 사람으로서 앞으로도 나는 한중우호 관계를 위해 더욱 노력해 나아갈 것이며, 반드시 그 꿈을 이룰 것이다.

외국인이라고 너그럽지 않겠다…
감사합니다. 교수님!

왕웨이쥔 중국과학원 선전선진기술연구원 박사 지도교수

'민간대사'로서의 책임감

나는 2007년 7월 한국에 처음 도착했을 때 대사관에서 마련한 국비 유학생 환영식에서 한 담당자는 우리를 향해, "지금 이 자리에 있는 여러분은 중국의 훌륭한 인재들이다. 여러분은 한국에 전문 지식을 습득하는 동시에 바로 한중 교류의 '민간 대사'로서 한중 각 분야 협력과 교류의 가교이자 연결고리이다"라고 말했다. 그 순간 내가 짊어진 책임감을 무겁게 느꼈다.

한국에서 인상적이었던 몇몇 기억들

2008년 베이징 올림픽 이전에 중국을 방문한 적이 없는 많은 한국인은 개혁개방 초기의 기억으로 중국을 생각하는 경우가 더러 있다.

그래서 나는 연구실 첫 전체 회의에서 자기소개를 할 때, 우한시의 홍보 영상을 소개했다. 연구실의 한국인들은 우한이 어디에 있는지 알지 못했다. 영상에서 나오는 도시가 홍콩이라고 생각하거나 서울처럼 현대적인 대도시가 어떻게 중국에 위치하고 있는가 의아해하기도 했다. 이후 나는 한국에서는 중국의 현대 드라마가 거의 방영되지 않고 있으며 사극, 무협극, 혹은 홍콩 드라마를 방영하기 때문에 많은 한국인이 중국의 변화를 이해하지 못하고 있다는 것을 알게 되었다. 2008년 올림픽 개막식을 통해서 중국의 번영이 전 세계에 생방송 된 후, 중국에 대한 편견이 많이 줄어들었다. 최근 몇 년 동안 코로나19 팬데믹으로 인해 한중 간의 교류 기회가 감소했지만 앞으로 교류가 재개될 것이라 생각한다.

한편 한국인 친구가 중국 유학생들을 자신의 집주인 집에 초대한 적이 있었다. 2시간 가까이 지하철을 타고 도착했을 때, 한국인 친구의 집주인 아저씨는 우리를 매우 따뜻하게 맞이하면서 야외에 풍성한 바비큐 파티를 열어주었다. 이때 두 가지가 잊지 못할 기억으로 남아있다. 첫 번째, 내가 야외에서 바비큐를 먹으면서 사용한 냅킨을 음식물 쓰레기 봉투에 넣었는데, 나중에 집주인 아저씨가 그것을 꺼내 일반쓰레기봉투에 다시 넣은 것이다. 한국의 쓰레기 분리수거 정책에 대해서 알고는 있었지만 한국인들이 엄격하게 이것을 지키고 있다는 사실에 놀랐다. 두 번째, 집주인 아저씨는 전기 설비 생산 공장을 운영하면서 제품을 중국과 동남아시아 국가에 수출하고 있었다. 소규모 회사였지만 공장의 생산 설비가 선진화되어 있었고, 자동화 수준이 높았다. 그때 나는 앞으로 한국에서 열심히 공부하여 한국의 다양한 기업들을 참관할 기회를 많이 만들어야겠다고 생각했다.

내가 창업하게 된 이유

한국 지도교수님은 학생에 대한 요구 사항이 매우 엄격하고 학교의 졸업 조건보다 높은 졸업 조건을 요구했지만 지도교수님의 실험실에 들어가고 싶어 하는 학생들이 많았다. 연구실의 규모나 성과에서 한국에서 손꼽히는 곳이었기 때문이다. 그런 만큼 일주일에 한 번 이상 지도교수님께 연구 진행 상황을 보고해야 했고, 학생 개개인이 받는 스트레스가 많았다. 내게 지도교수님은 "자네를 편하게 졸업하게 한다면, 이는 내 책임감이 부족한 것이다. 자네가 외국인이라는 이유로 너그럽게 대하지는 않겠다"고 하셨는데 이 말에 자극을 받은 나는 많은 날을 밤낮없이 실험실에서 보냈고, 지도교수님의 엄격한 지도에 따라 많은 성과를 낼 수 있었다.

박사과정 동안 나는 지도교수님과 두 차례 중국에서 실시하는 국제 학술회의에 참여하고 개최 도시의 일부 대학을 견학했다. 이를 바탕으로 하얼빈공업대학 로봇 국가중점연구소와 협력 양해각서를 체결했고, 매년 두 차례의 학술교류 행사, 학생 공동 육성, 공동과제 신청 등으로 협력 교류의 기반을 다졌다.

어느 날 지도교수님이 내게 "광저우 선진 연구소廣州先進所에서 일할 생각이 없느냐"고 물었다. 나는 고개를 끄덕이는 동시에 교수님에게 중국에 있는 로봇 연구팀에 대한 기술 지원과 방향 지도를 부탁했다.

지도교수님이 산업용 자동화 응용과 웨어러블 로봇 분야의 권위자로서 한국 로봇 업계에서 높은 명성을 얻고 있었기 때문이다.

나는 지도교수님의 뒤를 이어 중국에서 산업용 로봇 연구와 산업화 작업을 수행하게 되었다. 나는 이것이 한중 양국의 과학기술 교류와 국제 협력에 공헌하며 '민간 대사'의 역할에 한 걸음 더 나아간 것이라 생각한다. 그리고 이 모든 것이 교수님의 나에 대한 신뢰와 격려 때문이었다. 고생 끝에 낙이 있다는 말처럼, 정말 감사합니다. 교수님!

우리 두 사람,
한국에서 꿈을 이루다

가오룽커 중국석유대학(화동) 교수 / **창위** 중국석유대학(화동) 교무처 직원

내 꿈에 시작점이 있다면

우리 두 사람은 부부다. 나 가오룽커부터 얘기하자면, 2009년 8월 27일은 내 인생에서 가장 기억에 남는 날 중 하나이다. 나는 그날 산둥성 칭다오 공항에서 인천공항으로 가는 비행기에 올랐다. 대학 교수님에게 추천서를 받고 부모님과 상의해 출국을 결심하는 과정을 회고해 보면, 당시에는 생각하지 못했던 일들이 참 많다. "대장부는 그 뜻을 천하에 둔다"는 부모님의 격려를 받으며 출국한 나는 한국에서 한양대 ERICA캠퍼스에 입학했다. 주재범 지도교수님의 지도로 대학원 공부를 시작하면서 운이 좋게도 한국인 동기들, 중국 중국사회과학원, 하얼빈공업대학 방문학자 등 다양한 선배들의 조언을 들으면서 학업도 안정되었고, 한국에 온 지 1년도 안 되어 SCI 논문을 발표할 수 있었다. 2학년이 시작되었을 때는 국가유학기금위원회의 국비 유학생 자격을 얻을 수 있었다.

나 창위는 2008년 한국 유학을 가서 이화여대에서 신문학 전공으로 학부와 석사과정을 공부했다. 한국 유학은 내 인생에서 가장 후회 없는 선택이었다. 해외로 나가는 순간부터 나는 대학에 가는 것이 결코 책에서의 지식과 졸업장을 위한 것이 아니라 넓은 시야와 지속 가능한 발전의 잠재력을 가진 인재가 되기 위한 것이라고 다짐했다. 꿈은 별만 바라보는 것이 아니라 굳건하게 땅을 밟고 착실하게 살아갈 때 이룰 수 있다. 한국에서 나는 한국어를 열심히 연습했고, 한국 친구들과 더 많은 교류를 하기 위해 노력했다. 신문학과는 문과 중에서 난이도가 높은 편에 속했다. 순조롭게 졸업하기 위해서는 다른 학생보다 몇 배의 노력을 해야 했다. 지금 와서 돌아보면, 혼자서 무거운 장비를 메고 서울 거리에서 사회 문제를 취재했던 것이나 한국 사람들이 중국을 동경했던 경험을 취재했던 것이 기억에 남는다. 또한, 나는 서울시 외국인 유학생 '명예 경찰관'에 선발되었던 경험도 있는데 이런 경험은 유학 생활에서의 좌절과 도전을 극복하고 더욱 자신 있게 꿈을 맞이할 수 있는 밑바탕이 되었다.

열정적인 꿈을 꾸다

나 가오룽커는 대학 재학 중 담당했던 학생 업무 경험을 바탕으로 2013년부터는 학업 외에도 재한 유학생을 위한 학생 업무에 참여하였고, 2015년 귀국하기 전까지 전한중국학인학자연합회全韓中國學人學者聯誼會 부회장과 재한중국국가공비유학생연합회在韓中國國家公派留學人

員聯誼會 부회장을 역임했다. 또한 대사관 교육처의 지도로 전한중국학인학자연합회 유학생 대표로서 유학생과 대사관과의 가교 역할을 담당했다. 한국에서 유학하면 불가피하게 다양한 문제에 직면하게 되는데 이러한 상황을 해결하면서 점차 팀워크, 커뮤니케이션 능력이 향상되었다. 이러한 것이 동료들과 협력을 구축하며, 대학원생을 지도하는 견고한 토대가 되었다.

나 창위는 2014년 새해 첫날을 잊을 수 없다. 이화여대 국제처, 총장실 등 다양한 부서와 소통하고 조율한 끝에 이화여대 사상 처음으로 100년 대강당에서 중국인 천 명이 한자리에 모여 신년 연합회를 개최할 수 있었다. 중국의 국가가 울려 퍼지는 순간 마음을 진정시키기 어려웠다. 열정이 꿈을 현실로 만들어 주었기 때문이었다. 소통은 마음을 이어주는 창구이며 많은 한국 우호 인사들이 유학생을 포용하고 이해하려고 한다. 서로를 존중하고 이해하는 생각으로 상대방의 시각에서 교류해야, 진정한 이웃이 될 수 있다고 생각한다.

꿈을 실현하는 새로운 여정

나 가우룽커는 한국에 아내와 인연을 맺은 만큼, 한국의 인연을 잊지 말자고 다짐한다. 2021년 5월부터 중국석유대학에서 교수로 바쁜 시간을 보내면서도 한중 교류를 위한 방법을 고민하고 있다. 아름다운 해변 도시 칭다오에 자리 잡고 있는 중국석유대학은 연세대, 한양대 등 12개의 한국 대학과 파트너십을 맺고 있다. 국가유학기금위원회의 혁신형 인재 국제협력양성 프로그램이 승인되어 한국 KAIST, 중앙대 등 대학들과 학술교류를 하게 되었다. 앞으로 기회가 된다면 한국 대학들과 더 많은 교류 협력을 하고자 한다.

나 창위는 중국으로 귀국한 지 7년이지만, 한국 유학 생활이 아직도 눈에 선하다. 서울 거리의 풍경, 북한산, 한양대 캠퍼스가 늘 머릿속에 떠오른다. 현재 국제정세는 복잡하고 급격히 변화하고 있다. 코로나19로 그간 온라인 화상회의를 통해서만 국제교류를 할 수 있었지만, 이제 하루빨리 한중 학술교류가 재개되었으면 한다.

오해와 편견을 풀어가는
가장 좋은 방법

장레이성 지린대학 고등교육연구소 부교수

소통에 관심을 갖다

세월이 빠르게 흘러 어느덧 한국에서 유학하고 귀국한 지 8년이 지났다. 과거 한국에서 공부와 일을 했던 유학생으로서, 그리고 현재 한국 교육과 관련된 연구를 하는 교수가 되었다. 내가 처음 한국에 유학을 왔을 때는 한국어로 소통이 어려웠다. 서툰 영어와 과장된 몸짓으로 한국 현지인들과 소통해야 했기 때문에 많은 오해가 있었다. 이런 나의 경험에서 비롯되었지만, 나는 한국 사회와 대중들에게 중국의 실제 모습을 잘 알리기 위해 한국어가 유창한 중국 유학생들과 함께 한국 현지 언론과 적극적으로 소통했다. 중국 유학생들이 한국에서 유학한 소감을 글, 사진, 동영상의 방식으로 언론에 전달했다.

택시 기사님과의 약속

해외 유학 중 박사학위를 받는 것은 유학생에게 가장 힘들고 도전적인 일이다. 특히 나이가 많고 한국어 기초가 약한 내게 그것은 마치 구름 위에 우뚝 솟아 있는 산을 정복하는 것과 같았다. 수업을 따라가기 위해서, 나는 밤을 새우며 공부했다.

박사 2년 차 여름의 어느 밤, 국제학술회의 논문 발표문을 제출하고 연구실에서 나왔을 때는 새벽 한 시 반이었다. 집에 가려고 택시를 탔는데 택시 기사님은 입담이 좋고 친절한 분이셨다. 그는 자신이 대기업 임원이었는데 현재는 은퇴 후에 택시를 몰고 있다고 하셨고, 자녀분들이 모두 미국에 정착해 살고 있다고 하셨다. 택시 기사님과 이야기를 나누던 중에 기사님의 집에서 같이 한국 전통 추석을 보내기로 약속하고 내 전화번호를 알려줬다.

얼마 지나지 않아 추석이 되었고, 중국 유학생들과 함께 월병을 먹으며 달맞이 행사를 조직하던 중 전화가 울렸다. 나는 순간적으로 누군지 생각나지 않았었는데 수화기 너머에서 "저번에 내 차를 타고 집으로 돌아갔던 것을 기억하나요? 추석은 어떻게 보내요? 집에 계신 부모님께 전화하셨어요?"라는 목소리가 들렸다. 그 목소리는 예전에 만난 택시 기사님이셨고, 문득 그분과의 약속이 떠올랐다.

하지만, 중국 유학생들과 추석 행사를 하는 중에 기사님의 집에 가는 건 불가능했다. 고민 끝에 기사님과 그의 가족을 우리 행사에 초대하기로 했다. 기사님은 가족들과 함께 송편, 배, 족발, 한국 소주 등 한국의 전통 음식을 가지고 오셨고, 여기에 우리가 준비한 월병, 땅콩,

해바라기 씨, 맥주와 백주까지 합쳐져 음식이 풍성해졌다. 한국의 전통 음식과 중국 유학생 모임의 대통합이었다. 자상하고 상냥한 노부부와 그 가족을 보며 우리는 어색함에서 벗어나 함께 즐거운 시간을 보냈다. 그 뒤로도 설날, 추석 때마다 기사님은 안부 전화를 주셨고 집에 초대도 해주셨다.

이제는 한중 소통의 교육자로 보답하고 싶다

사실 각국 국민들은 평화와 우정을 추구하는 공통점이 있다. 우리 한명 한명의 유학생들은 모두 평화와 우정의 메신저라고 할 수 있다. 우리의 언행과 행동 하나하나가 유학하는 상대 국가의 국민과 언론에 영향을 주게 된다. 유학생으로서 해외에서 공부하고 일을 할 수 있는 기회를 적극적으로 활용하고, 해외에서 보고 듣고 배우며 관찰한 귀중한 경험을 살려야 한다. 나는 그런 인재들을 양성하는 교육자로서 보답하고 싶다.

아름다운 한중 동행, 큐!

리송 방송마케팅기획 유한회사 총경리

한국의 첫인상

"붉은 기와, 푸른 나무, 바다, 그리고 하늘." 근대의 저명한 사상가 캉유웨이康有为가 칭다오에 내린 평가이다. 쾌적한 기후와 독특한 지리적 이점 때문에 칭다오는 최초의 해안 개방 도시가 되었다. 한중수교 이전부터 산둥성에 한국 기업이 칭다오에 진출하면서 한국 기업이 중국에 투자할 수 있는 길이 열렸다. 1990년도에는 산둥성과 한국의 인천 간의 해상 직항로에 여객화물선 '금교호'가 취항하면서 산둥성과 한국 간 우정의 '금교'가 놓였다. 1992년 한중수교 이후 칭다오는 대구, 인천, 평택, 부산, 대전 등 7개의 한국 도시와 자매 결연을 맺었다.

칭다오 토박이인 내가 한국과 인연을 맺은 것은 중학생 때이다. 1990년대 후반, 한국 기업들이 칭다오에 투자하면서 칭다오의 거리 곳곳에서는 한국인들의 모습을 볼 수 있었다. 한국 떡볶이를 먹고 한국 식당 주인아주머니에게 "안녕하세요?"라며 인사하는 것이 당시 칭다오의 유행이었던 것 같다.

그리고 1998년 내가 있는 중학교에 갑자기 한국 친구가 전학을 왔다. 그 친구는 항상 웃는 얼굴을 하고 있었다. 그것이 내가 느낀 한국에 대한 첫인상이었다. 차츰 우리는 좋은 친구가 되었고, 이 친구 덕분에 나는 서툴지만 처음으로 한글로 이름 쓰는 법을 배웠다. 그때부터 나는 한국과 뗄 수 없는 인연을 맺게 되었다.

꿈을 안고 한국으로

2003년 한국에 대한 기대와 꿈을 안고 한국으로 유학을 왔다. 짧은 1시간의 비행시간에 나는 칭다오와 한국이 얼마나 가까운지 감탄했다. 처음에 말이 통하지 않는 좌절을 겪기도 했지만 한국어를 배우고 곧 한국어로 친구들과 소통할 수 있었다. 나는 어학당에서부터 대학 학사, 석사학위 취득까지 8년의 세월을 한국에서 보냈고, 이 기간 나는 인생에서 가장 소중한 청춘의 기억을 모두 한국에서 쌓았다. 시간이 지나면서 한국의 골목길은 내 기억 속에서 희미해져 갔지만 새로운 사람을 처음 만났을 때, 무심코 악수하거나 고개를 돌려 술을 마시는 습관을 느낄 때면 한국에 대한 내 기억이 전혀 사라지지 않았다는 점을 발견하고는 한다.

한국에 온 지 3년이 되었던 2006년, 나는 학생회 일을 하며 한국에 처음 온 중국 학생들의 한국 생활 적응을 돕거나 각종 모임을 만들었다. 베이징 올림픽 성화 봉송, 중국 지도자의 방한 시 리셉션 등 중요한 사건들을 경험했고, 2008년 쓰촨 지진에 대한 유학생 기부 행사, 중국 유학생 체육대회, 설날 파티 등의 다양한 행사를 여러 차례 개최하면서 한중 청년들의 우호 관계를 위해 노력했다.

수교 30주년 다큐멘터리를 만들다

2011년도에 대학원을 졸업하고 고향에 돌아왔다. 유학생회에서의 경험이 내 직업 선택에 영향을 줄 것이라고는 생각하지 못했지만, 현재 나는 유학생회의 여러 큰 행사들을 준비해 본 경험을 바탕으로 칭다오시 방송국에 입사해 행사 연출 감독으로 일하고 있다. 특히 2021년부터 '한중 문화교류의 해'가 시작됨에 따라 칭다오와 한국은 경제무역, 인문 등의 분야에서 협력을 확대하고 인문학적 함의가 풍부하고 양국의 우호를 반영하는 일련의 문화 활동을 기획했다. 나도 '산둥·한국 우호 도시 영상교류회', '중한 경제협력포럼', '중한 수교 30주년 기념 음악회' 등의 대형 행사 준비에 참여했고, 한중수교 30주년을 기념하여 한중 간 우의를 위한 선물로 다큐멘터리 '동행'을 기획했다.

무지했던 소년에서 자립적이고 자신감 있는 어른이 될 수 있게 해준 한국에 감사하다. 한국에서 유학하면서 만난 모든 친구들에게도 감사의 마음을 표한다. 내가 연출한 한중수교 30주년 다큐멘터리 '동행'과 같이 한중 양국이 서로를 돕고 역경을 함께 헤쳐 나가며 더 나은 미래를 향해 나아가기를 기원한다.

나의 좌우명대로

탕예 GM 우링자동차주식회사 홍보부 매니저

지식 이상을 배운 한국 유학

과거 2012년에 한중수교 20주년 기념 만찬에 초청받았을 때, 어떤 한국인 교수님이 "20년간의 한중관계는 한없이 활기차고 가능성이 있는 청년과 같다"고 말씀하셨는데 당시 20대였던 나는 이 말에 크게 공감했다. 그리고 어느덧 한중수교도 30주년이라는 역사적인 시기를 맞이했다. 앞으로 한중 양국이 어떻게 협력하는지에 따라 향후 한중수교 40주년, 50주년이 좋은 성과를 내고 빛이 나는 시기를 맞이할 것이라고 생각한다.

나는 9년 동안의 한국 유학 생활을 통해 책 속의 지식을 넘어 다양한 시각에서 문제를 바라보는 방법을 배웠다. 한국은 일찍부터 '아시아의 네 마리 용'의 하나였기 때문에 경제사회의 발전에 있어서 참고할 점이 많다. '협력'과 '상호 소통'은 현시대의 가장 중요한 키워드이며 어떻게 서로 다른 지역이나 국가 간 소통을 이루어지고, 각자의 우위에 따라 상호 이익과 교류를 달성할 수 있는가에 대해서 많이 배웠다.

한국에서 정규직 기회를 잡다

2015년 졸업 후 나는 한국 대학내일 종합광고대행사의 첫 외국인 정규직으로 채용되어 대학내일 중국사업부와 여러 홍보 플랫폼 구성 작업에 참여했다. 전국에서 가장 큰 영향력을 행사하는 캠퍼스 미디어 광고 회사에서 3년 가까이 근무하면서 나는 사회인이자 직장인으로서의 능력과 자질을 배울 수 있었다. 광고 기획, 광고 콘텐츠 제작, 기획안 계획, 광고 효과 분석 등의 부문에서 개인적인 성장을 이루었을 뿐 아니라 회사를 플랫폼으로 삼아 넓은 인맥을 쌓았다. 이러한 성장에는 한국에서의 다양한 경험과 활동, 그리고 공부가 큰 역할을 하였다.

상하이 GM 우링에 입사한 후, 나는 주로 홍보 매체 업무를 담당하고 있다. 세계 각국이 신에너지 자동차에 관심을 갖기 전부터 중국 내 전문가들은 중국의 신에너지 자동차 발전이 '자동차 대국'에서 '자동차 강국'으로 나아가기 한 필수 조건이라고 강조했다. 상하이 GM 우링도 전망이 좋은 신에너지 자동차에 많은 투자를 했고, 불과 5년 만에 신에너지 자동차 판매량 100만 대를 돌파하면서 테슬라를 제치고 세계에서 가장 빠르게 신에너지 자동차 100만 대를 판매한 기업이 되었다. 또 2020년도 출시된 신에너지 차량, 홍광 미니 EV는 출시 25개월 만에 중국 브랜드 순수 전기차 판매에서 1위를 기록하기도 했다. 나는 이렇게 우링의 신에너지의 개발이 계속해서 발전하는 과정을 보았고, 나는 그동안 구축한 한국 언론과의 관계를 통해 KBS, MBC 등의 언론을 섭외해 관련 내용을 보도했다. 한국에서 방송이 나간 후에, 한국은 물론 다른 국제사회에서도 중국의 신에너지 자동차 개발에 대한 관심이 높아졌다.

꿈을 이루려면 비바람을 두려워 말라

공부를 마친 후에 양국 관계의 발전에 더 많은 힘을 보태기 위해 노력하고 있다. 나는 한국을 졸업하고 국내 직장으로 진출하려는 동문 후배들과 자주 대화를 나누면서 '경험자'로 많은 조언을 해왔다. 부모님을 떠나 24시간 기차를 타고 베이징에 도착해 다시 비행기를 타고 낯선 이국 도시 서울에 와서 공부하고 일하고 했던 순간들…

한중관계는 이제 '이립而立의 해'로 접어들었다. 그동안 한중 양국 간의 협력은 정치, 경제, 외교, 문화 등 각 분야에서 크게 발전했다. "먼 곳을 선택한 이상 비바람을 두려워하지 마라"는 말이 있다. 고등학교 3학년 교실 벽에 붙어 있던 이 명언은 지금도 나의 좌우명으로 남아있다. 어려운 현실을 마주하고 있더라도 아름다운 미래와 이상은 의연히 우리의 앞에 존재한다. 우리가 새로운 여정에서 끊임없이 노력한다면 언젠가 더욱 아름다운 미래를 볼 수 있으리라 믿는다.

어쩌면 운명이었나보다

차오웨이 하얼빈이공대학(웨이하이) 한국어과 교수

웨이하이 거리를 걸으면

나는 한국에서 가장 가까운 중국 도시인 산둥 웨이하이에서 태어났다. 웨이하이에는 약 5만 명의 한국인이 거주하고 있으며, 한국 기업도 천 개에 육박한다. 2015년 한중 양국이 자유무역협정을 체결하면서 웨이하이와 한국의 인천 경제자유구역이 한중 자유무역구 지방경제협력 시범구로 선정됐다. 고향 웨이하이 거리를 걷다 보면, 곳곳에 보이는 한글 간판과 도로 표지판 때문에 내가 마치 한국에 건너온 느낌을 받는다.

고향의 지리적 특성 때문에 나는 일찍부터 한국과 인연을 맺었다. 중학교 때 첫 한국인 친구를 사귀었고, 고등학교를 졸업하고 한국으로 여름 학교를 갔다. 학부에서 한국어 전공을 선택했고, 한국 유학을 마친 후에는 웨이하이 고등교육기관의 한국어 교사가 되었다. 이렇듯 내 인생의 한 걸음 한 걸음에는 한국의 정서가 녹아 있다. 한중수교 30

년 동안 양국 관계 발전의 물결이 나를 앞으로 나아가게 하였고, 지금의 나를 만들었다.

2013년 나는 국비유학생으로 선정되었고, 2014년부터 2017년까지 한국 성균관대에서 교육학 전공으로 박사과정을 공부했다. 또한 주한 중국대사관 교육처에서 해외 자원봉사 교사로 3년 동안 교육 조사 업무를 담당했다.

인재양성, 내 인생의 보람

내가 근무하는 하얼빈공과대학 웨이하이 캠퍼스 조선어 학과는 2009년 신입생을 모집한 이래 특성화된 커리큘럼 많은 노력을 기울였다. 또한 한국과 인접한 지리적 이점을 살려 한중 자유무역지대, 산둥반도 남색경제구山東半島藍色經濟區 등 지역경제 발전의 특색을 결합했다. 비즈니스, 협상, 무역 등의 내용을 인재 양성 과정에 포함하여 전공 설정을 조정 및 최적화했다. 이로써 '한국어+문화+비즈니스'라는 커리큘럼 체계가 만들어졌다. 점차 대외 무역과 관련된 번역 과정도 발전시키면서 현지 정서 및 국제적 시야를 겸비한 응용형 한국어 인재양성 시스템을 형성했고, 이를 기반으로 중국 및 한국의 다양한 산업에 애국심을 가진 한국어 전문 인재를 양성해 왔다.

지금까지 우리는 총 10회 졸업생을 배출했으며, 그들의 진학 및 취업 상황은 좋은 편이다. 진학의 경우 한중 유수 대학에서 석박사 학위를 받은 학생이 많고, 취업의 경우 국가급 공무원 합격, 양국 대학, 과

학연구기관 및 한국 대기업 입사 혹은 창업에 성공하여 한중 간 전자
상거래 사업을 발전시킨 사례도 있다. 결론적으로 우수한 한국어 졸
업생의 성실성, 근면성, 숙련된 능력으로 각 분야에서 높은 평가를 받
고 있다.

지난 30년, 앞으로 30년

한중 양국은 오랫동안 이웃하여 살고 있으며 소통해 온 관계이다.
한중수교 30년을 되돌아보면, 양국 관계는 정치·경제·인문 교류 등
다양한 분야에서 비약적으로 발전해왔다. "삼십 년은 상전벽해였고,
삼십 년은 봄꽃과 가을의 열매였다三十載滄海桑田, 三十載春華秋實"는 말처
럼 한중수교 삼십 년의 해, 나도 인생의 삼십 년에 들어서는 해이다.
우리 한 명 한 명이 한중관계의 건설자로서 양국 관계를 함께 성장시
켜 왔으며 앞으로도 함께 노력하여 인생의 다음 삼십 년 동안, 계속해
서 한중 우정의 꽃이 꽃피웠으면 한다.

제3부

중국과 한국에서 미래를 보다
- 현재 유학생들

세 명의 택시 기사님과
세 번의 중국 유학길

신지선 베이징대 국제정치경제학 박사과정

교환학생 때 만난 첫 번째 택시 기사님

2022년은 '한중수교동이'로 태어난 내게도 의미있는 해이다. 대학교 4학년 때 처음 중국을 방문한 이후 여권에는 중국 비자만 여러 장이 붙어있다. 학부와 석사 때 교환학생으로 일 년간, 박사과정으로 세 번의 중국 유학길에 올랐다. 젊은 날을 중국에서 보내며 세 명의 중국 택시 기사분이 기억에 남는다.

첫 번째 기사님은, 대학교 4학년이던 내가 중국 교환학생의 부푼 꿈을 품고, 베이징 공항에 도착했을 때 만났다. 처음 듣는 현지 중국어와 바쁘게 움직이는 사람들 속에서 택시를 타는 곳으로 향했다. 택시에 올라타 칭화대학으로 가줄 것을 이야기했으나 기사님과는 소통이 되지 않았다. 그러나 그 순간 가방에 들어있던 교환학생 입학허가증이 떠올랐고, 서류를 본 기사님은 환하게 웃으며 다시 시동을 켰다. 한 시간쯤 지나 칭화대학에 도착하자 기사님은 나를 유학생 기숙사 사무실

앞에 내려주었고 "중국에 온 걸 환영한다. 중국어와 중국 문화도 열심히 배우고, 유학 생활의 모든 일들이 잘 풀리길 바란다"고 덕담을 해주셨다. 택시비는 이미 100위안이 훌쩍 넘었으나 기사님은 100위안 1장이면 충분하다며 손사래를 쳤다. 그리고 기사님은 내가 유학생 사무실로 들어가는 모습을 보고서야 자리를 떠났다.

이와 같은 중국에서의 첫 경험 덕분인지 중국에서 보낸 일 년 동안 중국 친구들을 비롯한 중국 사람들과 함께 따뜻한 마음으로 보낼 수 있었다. 중국어 한마디도 제대로 할 수 없었던 나는 일 년 동안 중국어 수업과 전공 수업에 적극적인 자세로 임했다. 중국을 더 잘 이해하고 싶어 중국어로 꿈을 꿀 만큼 열심히 했었다. 칭화대학 친구들은 중국 여행을 가거나 학과 모임에 나를 자주 초대해주었다. 당시 중국에서 〈태양의 후예〉라는 드라마가 큰 인기를 끌어, 친구들의 요청으로 한국어 수업을 한 학기 동안 진행하기도 했다. 중국인 친구들은 자신도 한국어 이름을 알게 되었다며 기뻐하고, 드라마의 주인공처럼 한국어를 멋지게 말해내는 친구들을 보면서 나 또한 큰 성취감을 얻는 시간이었다.

배낭여행 때 만난 두 번째 택시 기사님

나를 다시 중국의 길로 이끌었던 두 번째 중국 택시 기사님은 배낭여행을 하던 당시 만나게 되었다. 무더운 여름날, 중국의 러산대불樂山大佛을 보기 위해 택시를 탔고, 기사님은 내가 한국인인 걸 인식하자 자신이 가장 존경하는 해외 지도자가 '김대중 대통령'이라며 반가워하셨다. 기사님은 중국에서 번역되어 출판된 '김대중 자서전'을 읽었다며, 그를 한반도의 평화를 위해 평생을 국민을 위해 애쓴 지도자라며 칭찬하였다. 또한 기사님은 분단 때문에 한민족이 만나지 못하고 살아가야 하는 상황에 마음이 아프다며 내게 "천하대세 분구필합 합구필분天下大勢, 分久必合, 合久必分"란 말을 해주었다. 삼국지에 나오는 대목으로, 천하대세는 나눠진 지 오래면 반드시 합쳐지고, 합쳐진 지 오래면 반드시 나눠진다는 말이었다.

2022년 통일부 발표에 의하면, 한국의 이산가족 생존자는 4만 3천여 명이고, 이 가운데 70대 이상의 고령자가 85.1%에 해당한다. 이산가족 신청자 명단에는 나의 외할아버지 백학승 선생도 있다. 북한에 있는 가족들을 그리워하는 외할아버지의 쓸쓸했던 나날들과 이 모습을 지켜만 보아야 했던 손녀인 나는 숨을 크게 내쉴 수 없을 만큼 답답했었다. 헤어져 있는 시간이 길어지면 다시 합쳐질 것이란 말처럼, 그 합쳐지는 날을 위해 준비하는 일이 내 인생의 목표가 되었다.

박사 입학 중에 만난 세 번째 택시 기사님

한국으로 돌아와 석사를 마치고, 2020년 베이징대학 국제관계학원에서 박사 공부를 하게 되는 기회가 주어졌다. 그러나 코로나19 팬데믹으로 인해 2020년 3월부터 중국은 외국인 입국이 중단된 상황이었다. 중국으로 갈 수 있는 상황이 불투명했지만 중국 정부는 2020년

8월 한국인을 대상으로 입국 제한을 완화했고, 베이징대학에서도 한국인 유학생을 대상으로 입국을 허용해 학업의 꿈을 이어갈 수 있었다.

방역복을 입은 사람들만이 오가는 조용한 인천공항에서 세 번째 유학을 떠나며 마음이 무거웠다. 격리를 마치고 격리확인서를 가지고 산둥공항으로 향하는 택시에 올랐다. 보름 만에 직접 사람을 만나 대화를 할 수 있다는 것만으로도 기뻤는데, 내 인생의 세 번째 택시 기사님께서는 격리하는 동안 고생했다며 "칭다오의 바다를 마음껏 보고 가라"고 바다로 이어진 길을 택해 공항으로 향했다. 탁 트인 바다를 지나며 기사님은 어려운 시간을 잘 이겨냈다며 앞으로 박사 유학 생활에 좋은 나날들만 가득하길 바란다고 축복을 해주었다.

베이징대학에서의 지난 2년의 세월은 치열했지만 매 순간들이 찬란하게 빛나는 나날들이었다. 중국은 이미 나의 두 번째 고향과 같은 곳이 되었고, 매일 공부를 할 수 있다는 즐거움으로 아침에 일어나면 바쁘게 자전거를 타고 도서관으로 향했다. 감사하게도 지도 교수님은 유학생인 내게 매주 시간을 내주시며, 학업과 생활 방면에서 많은 조언과 지도를 해주셨다. 매주 금요일에는 '박사생 살롱'을 통해 자신의 연구 분야를 박사생 친구들과 토론하는 시간을 가졌고, 주중에는 시간을 내어 베이징대학 태권도 동아리에서 함께 수련하며 중국 친구들과 우정을 쌓았다. 또한 주말이면 국제관계학과 교수님과 동기들이 함께 배드민턴을 치며, 학과 대표로 베이징대 배드민턴 대회를 나가 추억을 쌓기도 했다.

서로 나눈 추억이 너무나 소중하다

가끔 중국이 왜 그렇게 좋은가를 물어보는 사람들이 있다. 그 대답은 중국과의 인연이 생긴 이후부터 내 삶에서 만났던 수많은 중국인과 나눈 추억이 소중하기 때문이란 말로 대신하고자 한다. 어떤 때 서로에 대한 오해가 발생할 때에도 실제로 중국에서 만난 중국인들은 한국의 드라마와 오락프로그램을 보며 성장해왔다며 진심으로 한국을 좋아하는 사람들이 많이 있다. 한국과 중국이 서로 다방면의 채널로 소통하고 직접 교류하며 지금의 갈등들에 실마리를 찾아가는데 나 또한 중국에서 유학하는 한국인으로 미약한 힘을 보태고 싶다. 앞으로도 내가 중국에서 받았던 배움을 나누고, 나누는 과정에서 다시 배움을 얻을 수 있기를 희망한다.

중국에서 합창단으로 '하나' 되다

신문섭 선전 중국경제특구연구센터 박사과정

유학 생활에서 만난 중국 친구들

10년이면 금수강산도 변한다고 한다. 2009년 아버님께서 중국에서 일을 하시게 되면서 나도 중국으로 함께 오게 되었다. 2010년 3월 선전대학으로 처음 입학할 당시 나는 중국어도 영어도 할 줄 몰랐다. 그래서 학교 기숙사에 들어간 첫날 학생 카드를 만들지 못해 저녁을 굶었던 기억이 난다. 지금은 다들 핸드폰으로 어디서나 인터넷 검색이 가능하지만 그 당시에는 그런 평범한 것들이 불가능했었다. 난생처음 밥을 굶게 된 충격에 언어의 중요성을 깨달았고, 열심히 중국어를 공부하며 중국 친구를 여럿 사귀게 되었다. 그중에 나에게 중국어를 가르쳐 주었던 한 중국 친구는 한국어를 포함하여 5개 국어를 독학한 1학년 대학생이었다. 나는 그에게 한국어를, 그는 나에게 중국어를 가르쳐 주었는데 유학 초기였던 나에게 정말 많은 도움이 되었다.

이후 중국어를 잘하게 되면서 여행을 다니기도 편해졌고, 학업 이외에 다양한 활동에 참여할 수 있게 되었다. 나는 외국인을 대상으로 한 각종 대회에서 1등을 하기도 하였고, FIBA 농구 월드컵 때 국가대표팀의 한중통역관으로서 양국 국가대표선수 및 감독님을 보조하며 한국농구협회 회장님과 선전시 부시장님, 야오밍姚明 선수 같은 유명 인사 옆에서 소통할 수 있는 좋은 경험도 쌓을 수 있었다. 또한 TV 토크쇼와 생방송 뉴스 등에도 출연하여 한국의 문화를 알리거나 사회 이슈에 대해 토론하는 등 더 많은 사람들을 만나고 다양한 경험과 교류를 할 수 있게 되었다.

나에게 중국어를 가르쳐 주고 한국어를 배웠던 친구는 후에 홍콩 중문대학에서 개최된 한국어 시 낭송 대회에서 대상을 수상하여 일주일간 한국 여행도 가고 한국교환학생 프로그램도 참여하였다. 10년이 지난 현재 그 친구는 한국 교수님 밑에서 석사과정을 마치고 교육학 박사를 이수하고 있으며 나는 중국에서 경제학 박사과정을 이수하고 있다.

국제합창단을 만들다

중국 생활 중 나에게 음악은 많은 힘이 되었다. 나는 2016년 3월 예일대학교에서 온 아카펠라 남성중창단이 선전대학 음악당에서 내부 공연을 하는 것을 보았는데 전 세계 각국의 학생들이 영어 혹은 중국어로 노래 하는 모습에서 음악으로 하나 된 그들의 모습에 강한 인상을 받았다. 이 계기로 나는 중국에서 합창단을 만들기로 결심했다.

2016년 선전대학 국제합창단을 창립하여 11월 광저우에서 처음으로 공연을 하게 되었는데 처음에는 단원 모집에서부터 홍보, 연습, 언어 소통, 의상 대여, 공연 준비, 리허설 등 많은 것들을 혼자 힘으로 하다 보니 어려움이 컸다. 하지만 뜻이 맞는 친구들이 하나둘 합류하고 서로의 부족한 점을 채워주고 보완해 나가면서 합창단이 점점 발전하게 되었다.

2017년부터는 선전대학 예술단의 합창단 단장도 겸임하게 되었는데 초기 20명이었던 중국 단원들이 점점 늘어나 이후에는 국제합창단과 더불어 150명에 가까운 대규모 인원이 되었다. 합창단은 자연스럽게 중국 학생들과 유학생들이 함께 문화를 교류하고 노래하는 소통의 장이 되었고, 지역사회에서 큰 관심을 받으며 수많은 공연을 하게 되었다. 선전과 광저우뿐만 아니라 베이징에서도 두세 번 소규모 공연도 하면서 우리의 모습이 공영방송 CCTV13에 소개되기도 하였으며 이러한 합창단 활동은 나뿐만 아니라 우리 모두에게 잊기 힘든 소중한 만남이고 추억이 되었다.

2020년 코로나19 팬데믹이 발생하는 동안에도 나는 음악으로 우리의 지친 마음을 위로하고 또 우리들의 소중한 인연을 계속해서 이어 나가고자 노력하였으며, 그 계기로 클라우드 합창을 시도하게 되었다. 여러 가지 어려움이 있었으나 클라우드 합창의 첫 결과물로써 〈너의 답안你的答案〉이라는 곡을 합창 버전으로 편곡하여 중국, 한국, 러시아, 태국, 이란, 말레이시아, 이탈리아, 카자흐스탄 등 국가의 20여 명의 단원들과 노래하여 뮤직비디오를 제작하였고, 이를 통해서 코로나로 지치고 힘든 이들에게 노래로써 용기와 희망을 주고자 하였다. 또한 전 세계의 코로나19 팬데믹 상황에 용기와 힘을 보태기 위해 교육부 중국유학센터의 소개로 2020년 12월 여러 대학의 유학생들과 〈세계에 사랑을 가득히让世界充满爱〉라는 곡을 합창으로 부르고 이를 뮤직비디오로 제작하였는데, 그때의 인연으로 나는 유학중국 클라우드 합창단을 조직하게 되었다.

베이징 동계올림픽 음악 〈눈꽃이 빛날 때〉

전 세계가 코로나19 팬데믹으로 시름하던 때에 중국 베이징에서 동계올림픽이 개최되었다. 2022년 베이징 동계 올림픽을 계기로 음악으로 올림픽 정신을 전하고자 올림픽 테마곡 〈눈꽃이 빛날 때冰雪之望〉를 작곡하였다. 데모 버전은 〈실크로드 청년의 꿈〉에 수록되어 음악 부문 대상을 수상하였다. 이후 교육부의 지원으로 2022년 베이징 동계올림픽에 대한 성공과 세계 각국의 유학생들 사이에서 평화와 우정이 지속되길 바라는 마음으로 공식 버전을 제작하였다. 공식 버전에는 100여 명의 재중 외국인 유학생들이 참여하였는데 중국 24개 대학에서 공부하는 50여 개국의 학생들이 음악에 대한 열정으로 온라인에서 모여 노래를 배웠고, 추운 겨울 날씨 속에서도 꿋꿋이 뮤직비디오 촬영을 하면서 각자 맡은 파트를 완벽히 소화해 냈다.

학업을 하며 합창단이라는 예술단체를 조직하고 지속적으로 운영해 나간다는 것이 쉬운 일은 아니었다. 하지만 우리 모두 꿈과 열정을 가지고 다 함께 앞을 향해 나아갔기에 작지만 성과도 있었고 보람도 있었다. 중국에서 생활하는 동안 알고 지냈던 좋은 인연들을 앞으로도 계속 이어 나가고 싶고, 한중 간의 인문 교류와 세계의 평화 발전에 기여할 수 있도록 힘을 보태고 싶다. 또한 따뜻한 음악을 통해 나의 이야기를 계속하여 그려 나가고 싶다.

서예와 한자, 중국어와 한글

이명실 산둥대 아시아·아프리카어문학 박사과정

꿈을 중국어로 꾸고 싶었다

나는 현재 산둥대학에서 박사 과정에 재학 중이며 동북아 학부에서 한국어 강사를 병행하고 있다. 어릴 때부터 서예를 했기 때문에 나는 한자에 자신이 있었고, 자연스럽게 중국어에 취미가 생기면서 대학 입학 시 중어중문과에 진학했다. 전공 강의만으론 중국어 말하기를 연습하기가 부족하다고 느껴서 중국어 학원을 다니기 시작했고, 점차 중국어 말하기에 관심이 생기면서 중국에 유학을 가고 싶다는 마음이 생겼다. 당시 학원 선생님의 소개로 산둥대학에 진학하기로 결정하였다. 그때 생전 부모님과 떨어져 본 적이 없었기 때문에 유학 준비에 꽤나 걱정을 했었는데 지금 돌아보니 조금 쑥스럽기도 하다.

나를 위한 진정한 공부를 해 볼까?

설레기도 하면서 걱정 가득한 마음을 안고 대학 강의실에 첫발을 내디딘 날, 나는 뭔가 잘못됐다는 걸 깨달았다. 왜냐하면 한국 사람들이 90% 이상이었기 때문이다. 나는 이렇게 한국 사람들이 많을 것이라 예상하지 못했고, 그때서야 내가 중국에 대해 너무 몰랐다는 걸 깨달았다. 산둥 웨이하이는 지리적으로 한국과 가까워 한중수교 이래 많은 한국 기업이 진출해 있는 양국 교역의 요충지였던 것이다.

그럼에도 석사 법학과 3년이라는 시간은 바쁘고, 힘들고, 아프고, 정신없는 시간이었지만 학과 교수님들과 중국인 친구들, 행정실의 직원분들, 유학생을 관할하는 국제 교류처 직원분들, 많은 사람들의 도움으로 나는 석사 학위를 잘 마칠 수 있었다.

석사 과정을 졸업한 이후에 처음 든 생각은 한국에 돌아가 일을 찾아야 하겠다는 생각도 있었지만, 다시 내 눈에 들어온 것은 아시아 언어학이었다. 뉴린제牛林杰 교수님은 다방면에 많은 경험을 가진 인재가 필요하다고 하시며 나를 박사생으로 흔쾌히 받아 주셨다. 교수님은 편안히 공부에만 전념하라고 하시며 학부 수업을 할 기회도 주셨다.

코로나19 팬데믹 당시 가족들의 걱정으로 한국으로 돌아갈 생각도 했으나 상황을 지켜보기로 했다. 지출을 좀 줄여 보려고 집세가 좀 싼 집으로 옮기려고 집주인에게 연락했는데, 사정을 접한 집주인은 집세를 낮춰줄 테니 더 있으라는 호의를 베풀어주셨다. 나에게는 정말 감사한 일이었다.

지금의 나를 있게 한 그 무언가

지금 생각해 보면 나는 서예뿐만 아니라 글도 꽤 좋아했다. 오랫동안 일기도 썼었고 명언이나 마음에 드는 시를 보면 옮겨 적어 놓은 노트가 한가득이었다. 이렇게 글을 더 좋아하게 된 이유가 집 근처 서예학원을 등록시킨 어머니의 영향이 컸다고 생각한다. 나의 어머니께서도 어릴 때부터 시 쓰는 걸 무척 좋아하셨다고 하셨다.

글 자체를 좋아한 나, 서예로 한자를 좋아한 나, 한자로 중국어에 관심이 간 나, 지금은 한국어를 너무 사랑하게 된 나, 동시에 한국어를 중국어로 표현하고 반대로 중국어를 보며 한국어로 어떻게 표현하면 좋을지를 고민하는 나, 이 모든 이야기를 중국 학생들에게 들려 줄 수 있는 게 지금 너무 좋다.

장기화된 코로나19 팬데믹으로 인해 주변 대부분의 한국 사람들은 돌아갔다. 나도 가끔은 답답하고 한국에 가고 싶지만 여기 학생들과 지내며 공부하는 게 좋아서 상황이 나아지기를 기다리고 있다. 이번 방학에는 갈 수 있을 거야, 이번에는, 이번에는… 지금 내가 할 수 있는 일을 하면서 보다 나은 미래를 기다린다.

한중 전문가의 꿈을 키우다

박용준 푸단대 국제관계학 박사과정

대학생 기자 때 맺은 중국 인연

나와 중국의 인연은 시대적 변화와 맞닿아 있다. 1990년대 후반 한국의 고등학교 교육과정에는 변화가 생겨났다. 이른바 6차 교육과정이 도입되자 한국의 고등학교에서는 2가지 이상의 제2 외국어 과목을 증설하여, 학생들은 영어를 제외하고 자신이 배울 수 있는 외국어를 직접 선택할 수 있게 되었으며, 대부분의 학교들이 일본어와 중국어를 채택하였다. 이 시기 중국어를 배우는 학생들이 점점 늘어나기 시작했지만, 많은 학생들은 한국어와 문법과 단어가 유사하여 배우기 비교적 쉬운 일본어를 선택하는 경우가 많았다. 하지만, 2000년대 중반에 이르러 국제사회에서 중국이 부상함과 동시에 한중 양국의 교류가 빈번해지자 중국어에 대한 필요성이 높아졌다. 한국에서는 앞으로 영어와 중국어가 필수라는 인식이 자리 잡기 시작했고, 나 또한 이러한 인식을 바탕으로 처음으로 중국어를 공부하게 되었다.

물론 한국의 여느 대학생들이 그러하듯 대학 입학 이후 전공 공부와 취업과 관련한 활동에 전념할 수밖에 없었고, 당시 언론사 기자를 꿈꾸던 나는 교내 방송사에서 아나운서로 일하게 되었다. 그렇게 중국어는 잠시 스쳐 지나가는 인연으로 알았다. 하지만 다시금 중국과의 인연이 생기게 된 것은, 2010 상하이 엑스포를 취재하기 위한 대학생 취재단으로 선발되어 중국 상하이를 방문하게 되면서다. 사실 2000년대 후반은 국제사회에 중국의 위상이 널리 알려진 시기이기도 하다. 2008 베이징 올림픽에 이어 2010 상하이 엑스포까지 성공적으로 치르면서 중국은 국제사회에서 자신들의 위상을 한층 끌어올렸다. 그리고 발전하는 중국의 모습을 직접 취재하며 나는 지나간 인연에 대해 새로운 호기심을 갖게 되었고, 이후 광저우, 베이징 등에서 공부하며 본격적으로 중국을 경험하게 되었다.

　이러한 경험들은 이후 직장 생활을 하는데 있어서도 큰 도움이 되었다. 졸업 이후 나는 방송국에서 근무하며 동북아 국제관계에 관한 다큐멘터리를 제작하는 일을 하게 되었다. 미국, 중국, 일본, 러시아 등 다양한 국가의 외교정책에 관한 분석과 각 나라의 전문가들을 인터뷰하는 것이 주된 내용이었고 나는 중국에서 공부한 경험을 살려 특히 중국 전문가들을 담당하게 되었다. 다만, 다양한 전문가들을 접하면서 느꼈던 것은 중국을 바라보는 데 있어서 여전히 서구 중심적 시각이 보편적으로 작용하고 있다는 것이었다. 이러한 시각을 극복하고, 중국을 좀 더 객관적으로 볼 필요가 있다고 생각하게 되었고, 한중관계의 발전을 위해서도 그러한 역할을 할 수 있는 사람이 더욱 많아져야 한다고 생각하게 되었다. 나는 본격적으로 중국에서 학위과정을 꿈꾸게 되었고, 상하이에 위치한 푸단대학에서 박사과정을 선택해서 새로운 도전에 나서게 되었다.

푸단대와 한반도 연구

사실 중국에서 국제관계를 연구하면서 느낀 것은 중국 학계 또한 중국식 국제관계 이론의 정립에 많은 노력을 기울인다는 점이다. 또 한반도 문제를 전문적으로 연구하는 전문가 수가 많지는 않다는 점이다. 이러한 측면에서 한중관계 혹은 동북아 국제관계를 연구하고자 하는 사람에게 상하이 지역은 여러 가지 장점이 있다고 할 수 있다. 상하이는 많은 한국인들이 생활하고 있는 지역이며, 베이징과 더불어 중국 내에서 가장 많은 유학생들이 공부하고 있는 도시이다. 또한 푸단대학, 상하이외국어대학, 지아통대학, 상하이대학, 통지대학, 상하이 사회과학원 등에는 한반도 문제와 관련한 연구소가 설립되어 있으며, 이를 기반으로 한반도 문제를 연구하는 학자들이 왕성하게 활동 중이다. 나아가 시 정부 차원에서도 2017년 상하이시 한반도연구회를 설립, 한반도 연구에 힘쓰고 있다.

특히, 푸단대학의 한국연구센터는 1992년 8월 한중 양국이 수교한 후 국내외 학계의 주목을 받았다. 그리고 이러한 배경 덕분에 푸단대학에서 공부하는 한국인들에게는 학술적으로 비교적 다양한 기회가 주어진다. 푸단대학 한국연구센터는 설립 이래 한반도 문제와 관련한 다양한 국제 및 국내 학술대회를 주관하고 있는데 그중 주목할 만한 것으로는 석박사 연구생들이 참여하는 '한국학 논단'이 있다. 중국에서 재학 중인 중국의 석·박사 연구생들뿐만 아니라 한국인 유학생을 비롯하여 한국에서 재학 중인 중국과 한국의 연구생들도 중국 내 한반도 문제 전문가들에게 여러 조언을 받을 수 있다.

국가 관계는 국민 친선에 있다

"국가 간의 관계는 국민 간의 친선에 있다"라는 말이 있듯, 양국의 지속적 발전에 있어서 인적 교류의 장을 활성화하고 대화와 협력 기조를 유지하는 것은 대단히 중요할 것이다. 한국은 코로나 당시 초기 다른 국가들과 달리 중국에 대한 입국 금지 조치를 시행하지 않았으며 중국 또한 봉쇄 이후 가장 먼저 한국인 유학생, 취업자, 교민 등에 대한 비자 발급을 허용해 주었다. 나 또한 덕분에 중국에서 순조롭게 박사과정을 진행할 수 있었다. 물론 아직 코로나 위험이 존재하고 이로 인해 아직까지도 많은 교류가 정체되어 있으나, 앞으로 양국 교류가 곧 다시 본격적으로 재개 되길 기대한다.

미국에서 중국으로 유학 오다

정재훈 런민대 국제관계학 석사과정

중국 영화와 무술에 심취했던 어린 시절

나는 초등학교 입학하기 전부터 중국의 무협 영화와 중국 무술에 매료되어 있었다. 이 무렵 청룽成龍 주연의 취권 시리즈와 리롄제李蓮杰 주연의 황비홍 시리즈는 수백 번도 더 시청하였던 것 같다. 또한 학창 시절 나는 삼국지, 초한지, 서유기 등 중국의 역사 소설도 여러 번 섭렵하였다.

이렇듯 중국을 좋아하던 나였지만 가족 연고가 있는 영미권 국가에서 유학 생활을 시작하게 되었다. 초등학교 3~4학년 당시 호주에서 2년, 그리고 중학교 2학년부터 대학교 1학년까지는 미국에서 학업을 이어갔다. 내가 미국에서 유학을 하던 약 6년 동안 중국은 엄청난 성장을 이뤄냈고, 미국과 함께 세계의 G2라 불리는 리더로 성장하였다. 이는 내가 어렸을 적부터 품고 있던 중국에 대한 관심에 다시 불을 지피게 되었고, 중국에서 짧은 시간만이라도 공부를 해보고 싶다는 열망이 생기게 되는 계기가 되었다. 평소 중국의 중요성에 대해 지속적으로 강조해 오시던 우리 부모님의 적극적인 지원 아래 나는 중국 교환학생 프로그램을 알아보았고, 중국 베이징외국어대학으로 1년간의 교환학생 프로그램을 가게 되었다.

교환학생부터 석사 공부까지

중국 베이징외국어대학으로 1년간의 교환학생 프로그램 기간은 내 인생에서 잊을 수 없는 시간이었다. 매일 수업이 끝나고 친구들과 베이징 곳곳을 돌아다니며 베이징 사람들의 삶을 보고 느꼈고, 매주 주말이면 베이징 이외의 도시로 여행을 다녔다. 상하이, 청두, 구이저우 등을 다니며 각 도시마다 독특한 정취와 더불어 명, 청 왕조시대의 모습, 현재 21세기의 모습, 그리고 100년 이후 미래의 모습을 모두 지니고 있는 매력 있는 국가라는 것을 느낄 수 있었다. 또한, 이 무렵 중국에선 한국 드라마 〈태양의 후예〉가 선풍적인 인기를 끌고 있었으며 수많은 한류 콘텐츠들이 실로 광풍적인 인기를 끌고 있었다. 이러한 한류의 덕택으로 나는 중국 내 어디에서든 한류 스타급의 환대를 받았으며 중국어 실력도 처음 중국에 도착하였을 때에 비해 급속도로 발전해 있었다. 또한, 어려서부터 영미 문화권에서 유학을 하며 미국적 시각으로 세계를 바라보는 것에 익숙했던 나에게 중국에서의 생활은 세계를 중국적 시각에서도 바라볼 수 있는 더 넓은 안목을 제공해주었다.

이렇게 스스로 돌아보며, 나는 미국이 아닌 중국에서 학업을 더 이어가고 싶은 열망이 생겼고, 지금이 아니면 중국에 대해 더 깊게 배울 기회가 없다는 생각을 하게 되었다. 부모님께선 중국대학으로 학업을 옮기는 것에 대해 적극적인 지지를 해주셨고, 교환학생 프로그램을 하였던 베이징외국어대학으로 학교를 옮겨 국제경영학과를 졸업하게 되었다. 그 후 중국 런민대학 국제정치학과 석사까지 연이어서 하게 되었다.

한중 신재생에너지협력 가교가 되고 싶다

나는 현재 중국 런민대학 석사 과정 중 국내의 한 기업에 취업을 하게 되어 졸업논문만 남겨놓고 잠시 휴학 중이다. 내가 일하는 기업은 신재생에너지 분야를 선도하는 기업으로, 이 분야에 투자를 아끼지 않는 중국의 기업들과 필연적으로 수많은 교류를 해야 하는 회사이다. 나는 한화솔로션에 입사하고 한국과 중국의 문화교류뿐만 아니라 양국 기업 간의 교류를 현장에서 몸소 느끼고 있는 중이며, 이러한 양국 기업 간의 교류를 통한 성과물은 결국 한국과 중국의 국민들에게 최고의 혜택으로 전해질 것이라는 믿음을 가지고 있다.

나는 앞으로 현재 내가 속한 회사에서 미국과 중국에서의 경험을 살려 신재생에너지 분야 최고 전문가로 성장하고 싶다. 그리고 신재생에너지 분야에 기여하여 이 분야에서 한국과 중국을 문화뿐만 아니라 신재생에너지 분야에서도 이어주는 그러한 가교역할을 하는 사람으로 성장하고 싶다.

　한국과 중국은 서로 협력하여 함께 발전해 나가야 하는 운명을 지닌 국가들이다. 그렇다면 양국은 서로의 국가에 대해 우호적인 생각을 가지고 서로를 알고 싶어 하는 사람이 많아질 것이다. 그러기 위해서는 양국이 더 많은 문화적 교류, 경제적 교류 그리고 그외 다방면의 분야에서 더 많은 교류를 이끌어내고 상호 협력하여 서로의 나라를 이해하게 만들어야 한다. 결국 양국의 국민들이 서로를 진정한 친구라고 생각하도록 한국과 중국은 최선의 노력을 다해야 할 것이다. 이와 같은 노력에 나도 앞장서서 동참하고자 한다.

푸단대에서 공수도를 배우다

김수빈 푸단대 방송과 학부과정

'중국'을 접하게 된 계기

중국 유학은 내가 좋아하는 영화의 한 대사로 시작되었다. 〈토이 스토리toy story〉'라는 영화의 주요 캐릭터인 버즈 라이트이어는 "무한한 공간 저 너머로To Infinity and Beyond"라는 말을 했는데 나도 그처럼 한국을 넘어 더 큰 세계를 경험하고 싶었고, 그러한 큰 세계는 나에게 중국이었다.

내가 중국을 처음 접하게 된 계기는 고등학교 시절 중국어 수업이었다. 호기심이 많고, 새로운 시도를 하는 것을 좋아하던 나는 낯설지만 한편으로 멋있어 보이는 중국어에 관심을 가지게 되었다. 중국어를 배우는 것을 좋아했기 때문에 당시 나는 누가 시키지 않아도 하루에 몇백 개의 단어를 외울 만큼 관심이 있었다. 그렇게 공부를 하다 보니 중국에서의 생활, 음식 그리고 문화까지 알고 싶은 마음이 생겼고 중국 유학을 계획하게 되었다. 19년간 한국에서만 살았던 나로서는 유학을 결정하는 게 쉽지 않았지만 모든 것들을 직접 경험하며 알아가기 위해 용기를 내어 푸단대학으로 진학을 결정했다.

푸단대 공수도 동아리의 추억

내가 대학교에 입학하고 처음으로 중국에 왔던 때는 모든 게 낯설었고 어려웠다. 모든 상황과 문제를 혼자 결정하고 해결해야만 했을 때, 중국어가 서툴러서 참 답답했던 적이 많았다. 하지만 고마웠던 사람들과 쌓은 경험들 덕분에 잘 극복할 수 있었고, 이제는 좋은 추억들로 남아있다.

푸단대를 다니면서 가장 기억에 남는 경험은 공수도 동아리를 한 것이다. 공수도 동아리에서는 생각 이상으로 고강도의 체력훈련을 시켰고, 아주 진지한 태도로 무술을 가르쳤다. 사실 나는 체력이 약한 편이여서 제대로 팔 굽혀 펴기 하나도 못 하는 상태였고 중국 친구들은 너무 잘해서 항상 뒤처져서 민망한 적도 있었다. 매번 중국 친구들을 보며 강한 체력과 정신력에 감탄했다.

수업 때마다 운동 파트너가 바뀌었는데 그들은 내가 힘들어할 때 마다 항상 나를 응원해주고 한 개만 더해보자며 포기하지 않도록 도움을 주었다. 그렇게 나는 학기 말에 흰띠에서 노란띠로 승급할 수 있게 되었다. 노란띠를 받은 날 나는 중국 친구들에게 고마움을 전했다. 이러한 공수도 동아리 활동을 통해 체력적, 정신적으로도 한 단계 성장한 나를 발견할 수 있었다.

가족과 같은 룸메이트들

유학생활 중에 가장 힘든 점을 꼽으라고 한다면 아마 타지에서 겪는 외로움이 아닐까 싶다. 다행히도 나는 정말 좋은 룸메이트들 덕분에 잘 지낼 수 있었는데 나와 같이 생활했던 룸메이트들은 부모님이 중국인이시거나 모국어가 중국어였던 친구들이었다. 그래서 서툴렀던 나의 영어 또는 중국어를 잘 이해해 주었다. 나는 룸메이트들과 함께 502호에 살았는데 A 방에는 캉치, B 방에는 제인, C 방에는 나, 그리고 D 방에는 리디아가 살았다.

내가 아팠을 때 캉치는 자기에게 마누카 꿀이 있다면서 꿀차를 타주며 날 걱정해주었으며 항상 밝고 긍정적인 태도로 내가 우울하거나 힘든 일이 있을 때 날 웃게 만들었다. B 방에 살던 제인은 아침에 일찍 일어나는 편이었는데 3명을 위해 종종 아침을 해두고 아침 잘 챙겨 먹으라는 메모를 해두고 갔었다. 원래 나는 아침을 잘 먹지 않지만 제인이 아침을 챙겨주던 날에는 꼭 먹고 수업을 들으러 갔었다. D 방의 리디아와 나는 같이 공부도 자주 하고 공수도 동아리에서 함께 활동하면서 서로 이런저런 얘기들을 하면서 많이 친해졌다. 우리 네 명은 가족처럼 기쁜 일이 있으면 같이 기뻐했고 슬픈 일이 있을 때는 같이 그 슬픔을 나누고 위로해주었다.

미래를 위한 나의 다짐

현재 나는 코로나19 팬데믹으로 인해 잠시 한국에서 수업을 듣고 있다. 중국에서 대학 생활을 하면서 더 많은 경험도 하고 여행도 다니면서 중국을 더 알아가고 싶었는데 아쉬움이 크지만 이러한 상황을 마냥 아쉬워하기보다 나에게 찾아올 더 좋은 기회를 위해 준비해야겠다는 생각이 든다. 학교 수업도 열심히 듣고, 스타트업 기업에서 인턴 생활도 하면서 내 미래를 준비하다 보니 이렇게 한중수교 30주년 기념으로 나만의 소소하고 따뜻한 이야기를 쓰게 되는 영광스러운 기회가 찾아왔다. 이런 기회를 통해 나 또한 중국 유학생활을 되돌아보는 계기가 되었고 앞으로의 중국에서 내 무한한 미래에 한 발짝 다가가고 싶다.

고향의 달은 더 밝겠지?

정야신 중앙대 식품영양학 박사과정

'드라마의 나라' 한국에 오다

한국에 오기 전 내가 가지고 있던 한국에 대한 인상은 드라마 속 미남미녀, 또는 무대에서 빛나는 K-POP 아이돌에 대한 기억들이 전부였다. 그리고 한국에 도착한 후 나는 안성으로 가는 차 안에서 나는 한국에 대한 친근감을 조금이라도 느끼고 싶어 호기심이 가득 찬 눈으로 낯선 한국의 모습을 이리저리 살폈다. 그러나 내 눈앞을 스쳐 가는 광고판의 한글은 내게 이곳이 고향도, 집도 아닌 낯선 곳이라는 사실을 일깨워 주었고 한국에 대한 인식과 한국의 실제 모습 간의 격차 때문에 나는 이곳에 와서 공부하는 것이 과연 올바른 선택인가를 깊이 고민하기도 했다.

긴장 속 자취생 생활의 즐거움

언어는 내 유학생활의 큰 도전이었다. 코로나19 팬데믹 이후 한국으로 유학을 오게 되면서 한국어를 제대로 배우지 못했기 때문에 입학 후에 한국어로 수업을 듣는 데 많은 어려움이 있었다. 처음에는 동시통역 프로그램을 사용하거나 수업이 끝나면 교수님께서 추천해주신 책과 논문을 혼자 보며 공부했으나 다행히 같은 조의 한국 학생들은 모두 친절했고, 영어로 과제를 자세하게 설명해 줘서 시행착오를 많이 줄일 수 있었다. 이곳에 온 지 얼마 되지 않아 많은 새로운 지식과 새로운 분야를 접하기 시작했고, 교수님의 기대에 따라 새로운 기술을 스스로 배우기도 했다.

한편, 내가 다니는 중앙대 생명공학대학은 경기도 안성시에 소재하고 있다. 한국에서 '안성'이라고 하면 제일 먼저 생각나는 것이 마트 진열대에 놓여 있는 '안성탕면'일 것이다. 그러나 아쉽게도 나는 안성탕면의 간판을 내건 라면 가게를 한 군데도 보지 못했다. 또한 안성시는 비교적 작은 도시여서 음식점이 서울에 비해 다양하지는 않았는데 격리가 끝나고 이틀 만에 나는 시내 길과 식당에 다 익숙해졌고 2주도 안 되어서 모든 식당에서 식사를 할 수 있었다. 나는 산둥 사람이기 때문에 야채를 매우 좋아했고, 식사 때에 야채가 필수적으로 제공되어야 한다고 생각하는 사람이다. 그래서 우리 학교 식당이나 교외 식당에서 야채 요리가 제공되지 않을 때마다 아쉬움이 커졌고, 결국 반년 후에 나는 기숙사를 나와 자취를 시작했다. 자취를 시작한 후에는 근처에 사는 선배와 친구들을 초대해 내 요리 실력을 뽐내며 즐거운 시간을 보냈으며 한국과 중국의 음식을 함께 해 먹으며 추억을 쌓고 있다.

한국 여행을 맘껏 하고 싶다

한국에서의 연구실 생활은 단조로운 편이다. 9시 출근과 9시 퇴근을 6일 동안 반복하고, 방학도 공휴일도 없는 연구실 생활 때문에 나는 한국을 여행할 기회가 없었다. 지난해 제주도에서 개최된 전공 학회에서 틈을 내어 친구들과 회의장 주변을 다닌 것이 전부였다. 그래서 일요일에는 주로 기분 전환을 위해서 친구들과 서울에 올라가 맛집을 돌아다닌다. 내년 봄에는 서울숲으로 벚꽃 구경을 가고, 여름에는 부산에 가서 파도 소리를 듣고, 가을에는 내장산 케이블카를 타고 단풍놀이를 즐기고, 겨울에는 평창 스키장에서 겨울의 짜릿함을 느껴보고 싶다.

'오늘 밤 서리가 내리니, 고향의 달은 더 밝겠지露从今夜白，月是故乡明'

타지에 있어서 그런지 중국에 있을 때는 신경 쓰지 않았던 아름다움을 날마다 새롭게 발견하게 된다. 여기서 달을 볼 때면 나도 모르게 고향을 떠올리게 된다. 안심하고 한국에서 하고 싶었던 연구를 할 수 있게 나를 지지해 주시는 부모님께 감사드리며 앞으로도 한국에서 좋은 추억을 쌓아 나가길 소망한다.

10년간 한 우물을 파다

민루이 한국외대 정치외교학 박사과정

내 인생에 한국은 분리될 수 없다

사람들은 유학생활에서 두 나라의 지리적 거리가 중요하다고 생각한다. 그래서 나는 중국 학생들이 유학가는 나라 중에 한국만큼 특별한 나라는 없다고 생각한다. 한국은 중국과 정말 가까이 있기 때문이다. 물론, 한국과 가장 가까운 산둥반도의 성산자오에서도 반대편에 있는 한국을 직접 볼 수 없고, 한국인을 이해하기 위해서는 직접 가봐야 한다. 한번은 예전에 인천공항에서 비행기를 타고 고향인 정쩌우 공항에 도착했을 때, 나를 데리러 온다는 친구는 공항에 도착하기는커녕 여전히 고속도로 위에 있었다. 나는 그때만큼 한국이 중국과 가깝다는 것을 느낀 적이 없었다.

나는 2010년에 한국으로 유학을 와서 한국외국어대학교 정치외교학과에서 국제정치학을 공부했다. 이 유학 생활 기간에 같은 학교에서 같은 전공을 공부하며 10년을 보냈고, 한중수교 30주년에 박사학위 논문을 마무리함으로써 한국 유학 생활을 마치고 새로운 공부와 새로운 삶을 시작하려고 한다. 같이 공부하던 친구가 "앞으로 어떤 일을 하든 우리는 남은 인생에서 한국과 완전히 분리될 수는 없다"고 했던 말이 생각난다. 당시 나는 이 말을 듣고 큰 감동을 받았다. 앞으로도 한국에서 유학했던 경험, 한국 음식, 교수님의 가르침을 떠올릴 것이다.

한국에서 겪은 에피소드들

언어와 문화 때문에 한국에서 흥미로운 일들을 많이 겪었다. 이유는 모르겠지만 어학원 다닐 때 나는 '재떨이'와 '베란다' 두 단어를 혼동했다. 당시 기숙사는 베란다가 있는 방과 베란다가 없는 방으로 나뉘었는데 나는 베란다가 있는 방을 원한다고 말하고자 했으나 실제로는 선생님에게 재떨이가 있는 방을 원한다고 말해버렸다. 선생님은 깜짝 놀라 방 안에서는 흡연이 금지되어 있다고 했다. 그래서 나는 오해를 풀려고 급히 베란다가 있는 방을 얘기한 것이라고 했다. 재미있게도 그 일 때문에 선생님은 나를 더 잘 기억해 주었고 더 많은 관심을 기울여 주셨다.

추석은 한국에서 가장 큰 명절 중 하나이다. 중국과 마찬가지로 한국 사람들도 고향으로 돌아가 친척을 만난다. 추석이 학기 중에 있기 때문에 중국 유학생이 중국으로 돌아가기는 쉽지 않다. 그래서 내가 살던 집에서 나를 제외하고 집주인을 포함한 모든 사람이 추석에 고향 집으로 가는 일이 여러해 있었다. 집주인 이모는 내게 "루이, 우리 집을 잘 지켜줘요"라는 농담 섞인 말을 하셨다. 실제로 나는 추석 동안 집을 돌보는 일을 맡게 되었는데 나는 이것이 서로에 대한 믿음이 있어서 가능했다고 생각한다. 또한 집주인 이모는 내 생일이 자신의 아들 생일과 일주일밖에 차이가 안 난다는 것을 아시고는 내 생일이나 설날에 빨간 봉투를 주시며 생일을 축하해 주셨다. 이것 역시 한중 인적교류의 따뜻한 사례라고 생각한다.

한중 외교 연구자가 되고 싶다

내가 전공했던 국제정치학은 한중관계를 이해하는 데에 매우 유익한 전공이다. 어느 신문 기사에서 한 학자는 "사람은 이웃을 고를 수 있지만 국가는 그렇게 할 수 없다"고 말했다. 국가는 국가 간 관계의 발전이 중요하게 생각한다. 나는 비행기가 인천 상공을 비행할 때, 여객선이 발해만을 건널 때, 한중 양국의 미래 발전을 떠올리게 한다. 앞으로 한중관계 연구와 교육을 하면서 한국 유학의 경험을 바탕으로 양국 관계의 발전에 미력하나마 기여하고 싶다.

내 며느리가 되어주겠니?

류샤오 경희대 관광학 박사과정

한류는 내 학창시절을 관통했다

많은 사람들과 같이 나도 TV에서 방영되는 드라마를 통해서 한국을 알게 되었다. 어릴 때 엄마와 함께 〈목욕탕집 남자들〉, 〈대장금〉, 〈보고 또 보고〉 등을 보았는데 특히 〈대장금〉에서 밥상을 예쁘게 준비하는 것이 인상 깊었다. 그때 한식을 먹고 한복을 입어 보고 싶은 생각이 씨앗처럼 마음속에 심어졌다.

한류 문화는 나에게 취미일 뿐만 아니라 나의 학창 시절을 관통하는 하나의 '축'이었다. 2000년대 초 인터넷을 통해 한국의 예능프로그램과 음악을 접하면서 한국 아이돌그룹인 슈퍼주니어를 좋아하게 됐고, 고등학교 입학 첫날부터 나처럼 한류를 좋아하는 두 친구를 사귀게 됐다. 한국 예능과 드라마를 많이 보았을 뿐 아니라 대학에서 한국어를 전공했기 때문에 나는 여러 말하기 대회에 적극적으로 참가를 했었다. 한국어 말하기 대회를 준비하면서 한국 친구들이 원고를 수정해

주고, 한국인 선생님이 매일 점심시간 발음을 교정해주었던 추억이 아직도 생생하다. 대학교 3학년 때 처음 교환학생으로 한국에 온 후 대학원에서 박사 과정을 공부하는 지금까지 벌써 5년이 흘렀다. 이제 한국은 내게 제2의 고향이 되었다. 나는 그 어떤 한국인들보다 '한류문화'를 더 좋아하고 많이 즐겼다고 생각한다. 논산과 춘천까지 달려가 좋아하는 아이돌이 입대하는 것을 보기도 했고, 아이돌 컴백 현장 녹화에도 참가한 적이 있다. 나는 한국에서 아주 의미 있게 나의 '청춘'을 보냈다고 느낀다.

이미 잘하고 있는 거야!

대학교 3학년 때 교환학생으로 지방의 한 대학에서 생활하는 와중에 경희대학교 외국인 말하기 대회에 참가하면서 서울에서 공부하고자 하는 마음이 커졌다. 이후 2018년 경희대학교에 입학하게 되었다. 나는 대학원에서 한국어 전공 대신에 관광학에 속하는 컨벤션전시경영을 선택하였다. 경희대학교에서도 유망한 학과로 나는 한국 MICE 업계의 훌륭한 종사자들과 함께 강의를 듣게 되었고, 최신 정보를 얻었을 수 있었다.

한국에서의 유학 생활은 생각보다 즐겁고 보람찼다. 한국에서 만난 교수님들, 선후배, 친구들은 모두 선하고 배울 점이 많은 사람들이었다. 특히 나의 지도 교수님은 내가 자신감을 잃을 때마다 "이미 잘한 거야"라며 격려의 말씀을 아끼지 않으셨다. 이러한 격려 덕분에 나는 많은 고민을 거쳐 박사과정에 진학하게 되었다.

인턴과 알바 추억

인턴과 알바 시절의 내게 몇 분의 격려는 풋내기였던 내게 아주 소중한 기억들로 남아 있다. 대학교 4학년 때 나는 한국 기업 LG디스플레이에 인턴으로 입사했었다. 한국어가 아직 서툴렀음에도 불구하고 나는 입사하자마자 공장에 출장을 가서 통역을 해야 했다. 다행히 상사들이 나의 부족한 부분을 채워주며 잘했다고 칭찬해 주었다. 한 선생님의 소개로 한국 태권도 사범 선생님들의 통역을 맡은 적이 있다. 그중 한 사범님은 "한국에 와서 대학원을 다니면 아들을 꼭 소개 시켜줄 테니 내 며느리가 되면 좋겠다"고 했다. 마지막 날 작별할 때 이 '시아버지'는 위안화가 없었음에도 학교로 돌아가는 택시비를 주셨다. 이를 통해서 나는 중국에서도 한국인 특유의 '사람 냄새'를 느꼈다. 비록 그 사범님의 '며느리'가 되지는 않았지만 아직도 때때로 연락하고 있다.

새로운 관광교류 방식을 연구하고파

2020년 초부터 시작된 코로나19 팬데믹으로 많은 업종이 한동안 큰 위기에 빠졌고, 특히 관광산업이 큰 타격을 입었다. 3년이 지난 지금 한국을 비롯한 여러 나라들이 코로나19 팬데믹 이전의 모습을 회복하고 있는 상황에서 이제 명동에 가면 예전과 같이 시끌벅적한 모습을 다시 볼 수 있게 되었다. 중국은 당분간 완전 개방은 아니지만 인터넷을 통해 문화관광 교류와 클라우드 음악회 등을 개최하고 있다. 포스트 코로나 시대에 한중간에 안전하고 적절한 문화관광 교류 방식을 연구해 보고 싶다.

내 이름 그대로,
기쁜 사슴이 되겠다

슝장루밍 서울대 예술공연학과 석사과정

비행기에서, 내 유학생활이 시작되다

올해 9월 초가 되어서야 나는 1년에 걸친 온라인 수업을 끝내고 한국에 올 수 있었다. 날 미지의 세계로 데려가는 국제선에 탑승해 중국에서 마지막으로 부모님께 전화를 걸었다. 나는 한참 동안 전화를 끊지 못했고, 결국 신호가 완전히 끊겨 "뚜~" 소리가 나서도 전화기를 멍하니 바라보았다. 타원형 창밖으로 점점 작아지는 건물들과 가까워지는 구름을 바라보면서 나도 모르게 눈물이 났다. 비행기가 착륙한 후 여승무원이 친절하면서도 낯선 한국어로 "안녕하세요" 하고 배꼽인사를 할 때, 나의 한국 유학생활이 시작되었다는 걸 몸소 느끼게 되었다.

한국에 처음 왔기 때문에는 집을 고르는 데에 있어서 나는 가장 안정적인 방법을 선택했다. 바로 학교 기숙사인 관악 생활관에서 생활하는 것이었다. 기숙사에서 나는 서너 명의 친구를 사귈 수 있었다. 숙

소 창밖으로 보이는 남산 타워의 야경과 불꽃 축제의 절경은 물론, 주방의 공용 취사도구와 혼밥, 수많은 밤샘 공부가 기억에 남는다.

한국 유학을 헛되이 하지 않겠다

학교 기숙사는 푸르른 관악산에 자리 잡고 있었다. 학교가 번화가에서 멀리 떨어져 있어서 그런 건지, 아니면 한국 최고의 엘리트들이 모여서 그런 건지 모르겠지만 의외로 한국 청춘 드라마 속에서 자주 접했던 웃음소리와 장난치는 모습을 볼 수 없었다. 한국사회 '무한경쟁'의 명성에 걸맞게 알 수 없는 고요한 태풍을 느낄 수 있었다.

시간은 사람을 기다려주지 않는다. 유학 생활에서 빠질 수 없는 공부가 당연히 빠르게 시작됐다. 개념을 다지는 기본적인 공부를 빼고 더 중요한 것은 바로 교재 내용을 개인적으로 이해하고 토론과 발표를 준비하는 것이었다. 처음 수업을 들을 때는 거의 3년 만에 처음으로 대면 수업을 하는 것이라 그런지 긴장의 연속이었지만 우리 과의 수업 분위기는 온라인 수업 때처럼 편하고 자유로웠다.

사슴처럼 기쁘게 풀을 뜯겠다

학부 졸업 후, 주변에 취업을 하거나 대학원에 진학하는 친구들을 보면서 태산과 같은 취업 스트레스를 받기도 했다. 그러나 나도 새로운 직장생활을 시작했다. 나는 항상 내가 운이 좋다는 생각을 해왔다. 중앙희극학원을 순조롭게 졸업한 것, 서울대 대학원에 합격한 것, 한국에 오기 전에 우연히 한국유학생연합회의 채용 정보를 통해서 학술부와 보도자료 팀의 책임자가 되어 베이징 바이트댄스 회사에서 게임 관련 인턴 업무를 재택근무로 하게 된 것도 말이다. 여러 선생님과 선배님들, 동기들에게 축하를 받았지만 나는 운에 의지하는 것만으로 일을 잘할 수 없다는 것을 잘 알고 있다. 지금 내가 해야 할 것은 배울 수 있는 모든 기회를 잡고, 내 능력을 키우기 위해 노력하는 것이라고 생각한다.

'사슴이 기쁘게 울며 들판의 풀을 뜯고 있구나. 반가운 손님이 오시니 거문고를 타고 생황을 불리라呦呦鹿鸣, 食野之苹. 我有嘉宾, 鼓瑟吹笙'라는 문구처럼 유유자적도 좋지만, 한국 유학을 헛되지 않게 하는 것이 헛되지 않는 것이 내가 진정 원하는 것이다. 마지막으로 '옛날에 갔을 때는, 버드나무가 하늘거리는데, 다시 돌아오니 비와 눈이 펄펄 날린다昔我往矣, 杨柳依依. 今我来思, 雨雪霏霏'는 ≪시경≫ 〈소아〉의 시구를 빌려 가족에 대한 그리움을 표현하고 싶다.

붕어빵 봉지에 추억을 가득 담다

자루옌 성균관대 미디어커뮤니케이션학과 학부과정

봄: 입학하다

3년 전 미지의 환경에 대한 호기심과 기대를 안고 한국 유학생활을 시작했다. 부모님과 떨어져 처음으로 혼자 먼 길을 떠날 때, 나는 막막함, 상실감, 외로움 등 부정적인 감정으로 가득 차 있었다. 동국대 어학당 시절부터 성균관대학교에 입학하기까지 마치 모든 사람이 끊임없이 길을 재촉하는 것 같이 느껴지기도 했다. 시대의 흐름에 묻힐까 쉴 때도 다른 친구들에 뒤쳐질까 걱정이 들었다. 그러나 유학 기간을 되돌아보면, 나는 제2의 고향 같은 한국에서 천금과 같은 기회를 만들었다.

먼저 성균관대를 입학했을 때는 따뜻한 봄이었다. 모든 신입생과 마찬가지로 나는 이 낯선 곳에 대해 아는 것이 거의 없었다. 쉬지 않고 공부하고 쫓아가는 것이 당시 나의 유일한 목표였던 것 같다. 그러나 나뭇가지 끝의 새싹이 마침내 꽃을 피우는 것처럼, 이 봄날의 고군분

투 덕분에 나도 수많은 푸른 잎들이 피어난 한 송이의 꽃이 되었다.

몇 차례의 선발 과정을 통해 원하는 전공에 진학하고 '언론인'으로서 새로운 공부와 생활을 시작하게 되었다. 그리고 어느 날, 길가의 작은 꽃들이 싹을 틔우고 있는 것을 발견했을 때, 나는 카메라로 그 순간을 담고 사진과 글을 통해서 멀리 떨어져 있는 나의 사랑하는 가족과 친구들과 함께 나누었다.

여름: 유학생회 회장이 되다

대학에 입학한 후에 나는 대인관계 능력을 키우고 친구들을 더 많이 사귀기 위해 성균관대 중국유학생회에 가입했다. 그리고 2022년 여름, 나는 유학생회 회장을 맡게 되었다. 친구들의 믿음과 선생님들의 인정을 느낄 때면 이곳에서의 내 모든 발걸음이 의미가 있고 행복하다고 느꼈다. 학생회가 내게 준 것은 사명감과 책임감이었다.

가을: 캠퍼스 생활을 즐기다

가을에는 학교 축제나 동아리 활동이 아주 많다. 점점 학교생활에 익숙해지면서 나는 집, 학교, 강의실이라는 공간을 벗어나 캠퍼스를 구석구석 돌아다니기 시작했다. 그러면서 명륜당 은행나무 아래 벤치가 바람 쐬기에 좋고, 잔디 위에 네 잎 클로버가 있고, 뒷문 산 아래에

맛있는 식당이 있다는 것도 알게 되었다. 한국인 친구들도 사귀게 되었고 그들에게서 내가 전에 알지 못했던 재미있는 사투리를 배우거나 그들에게 중국의 속담이나 고사를 이야기해줬다. 이렇게 두 나라 사람들의 문화적 만남은 가을에 시작되었다. 천고마비의 계절에 나는 친구를 사귀고 서로의 걱정거리를 나누고 축제를 즐겼다. 공부도 중요했지만, 이 좋은 때도 놓칠 수 없었다.

겨울: 큰 눈을 만끽하다

나는 중국 남부에 살았기 때문에 눈 오는 날이 내게 주는 기쁨과 설렘은 남달랐다. 첫눈이 내린 뒤 길거리에 노점상들이 하나둘씩 들어서고, 사람들이 들고 있는 하얀 종이봉투에서는 붕어빵의 달콤한 향을 맡을 수 있었다. 매년 겨울이 되면 대학로 입구에 빨간 포장마차가 하나 세워진다. 그 안에서는 머리가 희끗희끗하신 어르신 두 분이 분주하게 손님들을 맞아 주었는데, 날씨가 조금 추워지면 포장마차 밖에는 구불구불한 줄이 늘어선다. 내가 항상 팥 붕어빵 5개와 슈크림 붕어빵 5개를 사다 보니 나중에는 얘기하지 않아도 어르신들이 내가 뭘 살지 아실 정도였다.

비가 내리는 어느 날 밤 집에 돌아가는 길에 포장마차에 아직 불이 켜져 있는 걸 보고 나는 아직도 영업을 한다고 생각하고 우산을 쓰고 가게로 달려갔다. 그런데, 할아버지 한 분이 바쁘게 가게를 정리하고 계셨다. 그분은 나를 보고는 반갑게 인사해 주시더니 급하게 붕어빵

기계에서 붕어빵을 꺼내서 봉지에 담아 주셨다. 밤이 많이 늦었기에 황급히 고맙다는 인사를 드리고 집에 와서 봉지를 열었는데 봉지 안에 붕어빵이 가득 차 있었다. 추운 겨울날이었지만, 내 마음은 따뜻함으로 가득 차올랐다.

내 유학생활의 매순간 헛되지 않았다

봄, 여름, 가을 그리고 겨울이 지나고 세월이 흐름에 따라 한국에서의 내 기억도 더욱 충만해졌다. 눈을 감으면 한국에서의 좋은 추억들이 떠오른다. 10년, 20년, 30년 뒤에도 다시 이 땅을 밟고 대학캠퍼스의 가을 단풍 속을 거닐면 스무 살 때 느꼈던 감흥을 다시 떠올릴 수 있을 것 같다. 한국 유학을 통해서 나는 반평생 동안 기억할 만한 여러 추억과 함께 풍파도 겪었으며 더 높고 더 넓은 시야를 가지게 가지게 될 것 같다. 내 한국 유학생활의 매 순간은 헛되지 않았고, 내 인생에서 가장 큰 보람이었다고 할 수 있을 것 같다.

来自两国的友谊随笔集

韩中友谊 不忘初心

黄载皓 编著

不忘初心

过去30年, 开创了辉煌发展的新篇章

1992年8月27日, 也就是中韩建交第四天的早晨, 我和同事们郑重地把中华人民共和国大使馆的铜制馆牌挂在了首尔梨泰院的临时馆舍门前, 伴着国歌, 鲜艳的五星红旗在韩国的土地上冉冉升起。每每回想起那个场景, 我都会热泪盈眶。而如今, 2022年即将过去, 中韩关系已走到"而立之年"。

三十年前, 两国老一辈领导人以政治家, 战略家的非凡胆略和远见, 合力打破冷战的坚冰, 做出中韩建交的重大战略决断, 彻底结束了两国几十年的隔阂, 掀开了中韩关系三十年全面快速发展的辉煌篇章, 也为促进地区和平稳定与繁荣注入强大的正能量, 在全世界树立了不同制度, 不同理念国家间交往合作的典范。

中韩是搬不走的邻居, 实践证明也是分不开的合作伙伴。从1992年建交来, 双方在政治上不断深化沟通, 两国业已建立战略合作伙

伴关系。经贸领域，30年里双方相互直间接投资累计达2500亿美元，双边贸易额连创新高，2021年中韩贸易额突破3600亿美元，较30年前增长70多倍。人员交流方面，在疫情发生前双方人员往来就已经进入"千万人次时代"。这些成果告诉我们，中韩关系的友好和稳定符合两国人民的根本利益，对双方，对地区，对世界都有积极的意义。

今后30年，希望有更大发展

当前，中韩两国正迎来深化双边关系的重要机遇。不久前胜利闭幕的中国共产党第二十次全国代表大会强调，中国将坚定不移走和平发展道路，坚持深化改革，扩大开放，以中国式现代化全面推进中华民族伟大复兴。一个不断走向现代化的中国，必将为包括韩国在内的世界各国提供更多机遇，为国际合作注入更强动力，为全人类进步作出更大贡献。

今年11月习近平主席和尹锡悦总统在巴厘岛G20峰会期间举行首次面对面会晤，为两国共同应对百年未有之大变局，克服外界因素的影响，推动双边关系进一步发展指明了方向。我们希望中韩两国政府和民间共同努力，在两国元首战略引领下，常怀建交初心，坚持互尊互信，聚焦合作共赢，致力和平友好，深化交流合作，推动中韩战略合作伙伴关系健康稳定发展，取得新的更大成就。

1992年，牢记那时的那份初心

中国有句话叫"不忘初心"，意为"始终如一地保持当初的信念，不随时间改变"。在纪念中韩建交30周年之际，韩国全球战略合作研究院邀请了数十位为推动中韩关系发展而做出积极贡献的重要人士以及留韩，留华各界朋友和在读留学生，共同回顾中韩建交30年的风雨历程，分享留学期间的美好时光，对中韩关系的未来发展提出建议和祝愿，汇编成《韩中友谊 不忘初心》，非常有意义。我期待饱含建交初心的这本友谊随笔集能为增进中韩友好发挥承前启后，继往开来的积极作用。

借此机会，我谨向过去30年间对韩中友好怀有深厚感情并给予支持的韩国社会各界朋友表示衷心的感谢。为了使两国关系在两国国民相互信任的基础上，在今后30年取得更加惊人的发展，我和我的同事们将携手韩国朋友，共同努力。我们一起，常怀我们那时的那份初心，整装再出发！

2022年12月31日

驻韩中国大使 邢海明

温暖的记录守护着历史的一角

井里的水从哪儿来

今年是韩中建交30周年，在建交纪念日8月24日前后举行了大大小小的活动。大多数活动对韩中关系的发展都给予了高度评价。韩中建交是加速实现东北亚新繁荣时代的重要转折点。如今的韩中两国都成长为国际社会的核心国家。中国已可以和美国并驾齐驱，韩国则以自身特有魅力吸引着全球的关注。虽然在过去几年，两国关系中有令人惋惜和遗憾的部分，但这是在走向更好关系的过程中经历的"成长痛"。饮水思源，我们更应铭记那些建交后双方互帮互助的温暖回忆和鼓励。

我所在的研究院也策划和参加了各种纪念活动。8月后的某一天，我突然想到是不是应在今年结束之前，把那些热爱和关心两国关系的人们的故事写出来，尽管这些并不是政治，经济，社会，文化，外交，安保，军事领域的热门话题。在我的设想中，这是一本包含积极信息，温暖故事，建设性提议的随笔，从建交一代人到当今青年一代，回顾30年过往，书写现在，展望未来。俗话说，"好记性不如烂笔头"，因为记忆总会模糊。这本书虽然不厚，但温暖的记录无论何时总能守护住韩中交流史的一个角落。

从建交一代到青年一代

这本随笔，讲述了每个人与对方国家的第一次缘分，留学或交流过程中经历的往事，过往经历中取得的成就，心中对未来的憧憬以及想对后辈们转达的心声。随笔大致分为三个部分。

第一部分是当时致力于建交和增进韩中两国友好关系的六位人士的故事，衷心感谢前外交安保首金宗辉，他曾在北方政策这个韩国外交大蓝图下总体负责韩中建交，首位被韩国政府授予外交勋章，为韩中公共外交做出很多贡献的全国政协外事委员会副主任兼察哈尔学会会长韩方明，曾参与建交前后交流，2005年至2008年在首尔积极推动两国关系发展的中国前驻韩大使宁赋魁，曾担任韩中建交预备会谈韩方首席代表和第四任驻华大使，目前致力于拯救地球两国合作的现任未来林代表权丙铉，曾在中国学习和工作，作为国会的中国通在两国间发挥桥梁作用的共同民主党国会议员朴丁，在北京担任访问教授时获得灵感，致力发挥城市开发专业性的议政府市长金东根。他们在随笔中从两国政府和政策层面客观讲述了自身为韩中关系发展践行了怎样的努力。

第二部分讲述了在对方国家有过留学经验的专业人士的故事。拥有韩中经济合作实践经验和20余年在华生活经历，对中国有着深厚感情的现代汽车集团中国代表李赫埈，建交前后曾在两国民间交流现场担任翻译的韩国外国语大学翻译研究生院教授金珍我，曾是英文学徒，但后来成为中国专家的峨山政策研究院研究委员李东奎，毅然离开韩国大企业到中国留学，开启创业之路的KISMET KOREA代表金信，曾在韩国小姐中国区比赛中获奖，现就职于LG电子经营支援部的闵智秀，在韩国教授严格指导下成长，并成功回国创业的中国科学院深圳先进技术研究院博士生导师王卫军，在韩国留学期间结下夫妻之缘的中国石油大学（华东）教授高荣科和中国石油大学（华东）教务处职员常瑜，作为教授正在培养未来人才的吉林大学高等教育研究所副教授张雷生和哈尔滨理工大学威海校区朝鲜语专业讲师曹维，制作建交30周年纪录片的青岛广电营销策划有限公司总经理李嵩，以及依靠在韩正式员工经验负责中国大企业宣传业务的上海通用五菱汽车股份有限公司公关媒介经理唐晔，他们的11篇随笔像一幅韩中民间交流的全景图，在读者面前徐徐展开。

第三部分是目前仍在两国留学的青年的故事，讲述了各自选择留学对方国家的决心和情由。在中国留学期间有多次有趣经历的北京大学国际关系博士生申智善，成功创建多国合唱团的深圳中国经济特区研究中心博士生申文燮，为了实现自我选择了跨领域学习的山东大学威海校区亚非语言文学博士生李明实，怀揣成为韩半岛专家梦想的复旦大学国际关系博士生朴镛埈，立志做韩中新再生能源合作桥梁的人民大学国际关系硕士生郑载勋，学校生活中一有空就练习武术的复旦大学播音系本科生金秀嫔，期待尽情去韩国旅行的中央大学食品营养学博士生郑雅心，即将获得博士学位的韩国外国语大学政治外交学博士闵锐，在韩国老人眼中很适合做儿媳妇的庆熙大学旅游经营学博士刘潇，梦想着经历与自己名字中"鹿"字一样美丽的留学生活的首尔大学公演艺术学硕士生熊张鹿鸣，在鲫鱼饼中感受韩国情谊的成均馆大学媒体通讯专业本科生贾如妍，他们的11篇随笔好似一部充满趣味的电视连续剧。

向温暖观望韩中关系的所有人

最后，衷心感谢驻韩中国大使邢海明，他比任何人都理解韩中交流的重要性，也深感这本随笔朴素而温暖的意义，并为之写下荐言。另外，在12月31日韩中建交30周年的最后一天，感谢记得饮水思源的所有人，以及温暖观望这一切的所有人。

2022年12月31日

全球战略合作研究院 院长 黄载皓

目录

第三部分
在中韩展望未来_ 在读中的两国留学生

第一部分

饮其流者怀其源

_ 身处两国关系一线的人士

难忘建交的那一天

金宗辉 前外交安保首席

建交是北方政策的画龙点睛

回首30年前，1992年8月24日韩中建交的那一天，我无法忘记。韩中两国在中国北京建立了本着平等互利和和平共处原则的睦邻友好关系，并签署了相互支持"一个中国"和"南北和平统一"的建交联合公报，开启了韩中两国的新时代。韩中建交化解了两国的敌对关系并实现和解，超越了理念和体制对抗的格局，主导了东北亚地区冷战终结的进程，从这一点来看，具有重大的历史和文明意义。

与此同时，我认为韩中建交是卢泰愚政府时期外交政策——北方政策的画龙点睛之笔。北方政策有着诸多目标。首先是扩大韩国的外交网。在此之前，韩国的外交是以美国，日本，欧洲和部分亲西方中立国家为中心的"半边天"外交。因此韩国希望通过与当时的中国，苏联，越南等国建交，扩大自己的的外交领域，以实现加入

148

联合国的目标。这就需要开展与另外"半边天"的外交。其次是有扩大经济领域的考虑。韩国当时的出口主导政策以美国，欧洲，南美为中心。韩国希望增加对拥有丰富资源和人口的中国和苏联等国的出口，扩大本国经济活动的领域。

此外也与韩国的中长期战略不无关系。卢泰愚政府持续与朝鲜进行沟通，为构建韩朝对话框架做出了不少贡献。但为实现我们期盼的统一，与中，苏达成和解是重中之重。就如同德国的统一，如果戈尔巴乔夫行使否决权，也不会轻易实现。因此，北方政策不是单纯在中国或苏联设立大使馆，而是通过与北方全地区的外交，在南北统一上形成和平合作的氛围。

当时韩国虽然不是大国，但在国际秩序中起到了催化剂的作用。当冷战终结，德国统一等国际性历史大事件在欧洲地区发生时，亚洲并未出现大的局势变动。可以说，是韩国通过与苏联，中国，越南等国建交，带来了多种变化。

建交不是一朝一夕形成的

此后，韩中关系在过去30年里，在政治，经济，社会，文化，外交，安保等几乎所有领域都取得了前所未有的巨大发展。回头来看，当今韩中关系的发展并不是一朝一夕形成的，而是建交当时克服了很多困难后取得的成果。做出建交决断的两国领导人的判断是完全正确的。

在30年后的今天，我想到了"饮水思源"，意思是喝水之时不能忘记挖井之人。随着韩中两国国力的增强，关系也更加复杂，当然会出现理解的差异和摩擦。但希望韩中两国能铭记建交当时为何如此渴望建交，为何如此努力发展关系的初衷。期待两国为新的30年描绘发展蓝图，并付诸实际行动。

我的韩国缘

韩方明 全国政协 外事委员会 副主任

与朴振外交部长的缘分

黄载皓教授要编写一本文集，邀请我也写一篇我和韩国的故事。我想了一下，一时不知从何谈起。因为这些年我在韩国认识了太多的朋友，经历过太多的各种事件。回想了一下，还是从我的第一次"官式访问"写起吧，尽管此前也陆续去过几次韩国。记得那是2009年的秋天，应韩国国会的邀请，全国政协外事委员代表团对韩国进行了为期五天的正式访问，由时任外委会主任赵启正任团长，我作为前一年刚刚担任外委会副主任的委员也随团出访。

印象深刻的是第一天的活动，时任国会外交通商统一委员会委员长的朴振在代表团抵达的当天晚上，就在光化门附近的明洞乐天酒店顶楼宴会厅为我们举行欢迎晚宴，多位国会议员出席。吃了什么已经不大记得，大抵是精致的韩定食，宴会的形式和气氛让我至今难忘。

以我参加正式外交场合的经历，宴会特别是发了请帖的宴会，通常是由主人致欢迎词，主宾致答谢词，其他人洗耳恭听就是了，并不需要宴会上现场发言。没想到朴振委员长在赵启正致答谢辞后，邀请中方全体成员和韩国国会议员们按顺序依次讲话。轮到我时，其实是有点小紧张的，第一次在这么多大佬面前祝酒大佬面前祝酒，心里难免担心措辞不当。所幸的是，这次简短的即席发言还算得体，没有失礼。但对韩国宴会的这种平等表达方式留下了深刻的印象。

我记忆中的朴振委员长人微胖，气质儒雅，言谈举止很有风度，特别是他能用流利和准确的英语与我交流，给我留下了深刻印象。后来我才知道，他曾担任金泳三总统的英文翻译，其对"大道无门"的精彩翻译早已传为佳话。今年朴振先生出任新一届政府的外长后，我也第一时间发去贺电，向他表示祝贺。今年六月底，他听说我来访韩国，特意在陪总统出访之前安排时间与我在四季酒店会面喝咖啡。多年之后再见，令我惊讶的是，他的中文水平有了很大进步，见面后就是直接用中文字正腔圆说的开场白。他给我的印象是一位礼数周全，非常讲究的人，作为大韩民国的首席外交官，他当然也是一位非常有经验的政治家，说话很有分寸。

2009年访韩时结下的缘分

2009年那次访问开始，我陆续结识了一批韩国的政治家，也结交了很多官产学界的朋友，成为我和韩国工作交往的美好开端。那次访问，我还认识了韩国大企业里资深的知华派人士朴根太，他是CJ集团的核心高层领导，负责中国业务，他专门从北京飞回首尔，安排我们参观CJ的影视娱乐基地，又赶往济州和SK集团社长一同为我们举行了离韩之前的送行晚宴。最近他已从领导岗位转任公司顾问，听说我来访首尔，还专门带着他的公子来请我吃有名的烤韩牛。他的儿子毕业于北大，是一位能讲一口标准中文的青年才俊。朴总说他是希望我们中韩朋友之间的交情和人脉能够一直传承下去。

2009年那次访问，还有一个印象深刻的人是金美罗小姐，她是国会国际局的翻译，韩文的职务称呼貌似是"通译官"，她那次全程陪同代表团，直到我们飞离济州。她说她曾在天津的一所大学学习过中文，她的中文讲得几乎没有任何口音。最近一次见她，是在金振杓就任国会议长的次日，我和中国驻韩国大使邢海明前往国会正式拜会议长阁下，在国会大厦门口台阶下率领礼宾团队迎接我们的正是金美罗小姐。那天她为议长担任现场翻译，多年之后，感觉依然亲切。

2009年那次访问，开启了我与韩国交往的热络期，直到疫情开始前的2019年，我一年内访问韩国达21次之多！除了韩国，我对其他任何一个国家的访问都未曾如此频繁。当然，我这些年频繁的公共外交活动也得到了韩国各阶层朋友们的认可和肯定。2018年，时任韩国总统文在寅授予我大韩民国国家勋章"外交兴仁章"，这是两国建交以来韩国政府首次以国家名义向中国人授勋。此前我也接受了韩国东国大学授予的荣誉政治学博士学位，并成为了仁川广域市和议政府市的荣誉市民，也受邀担任了京畿道首席外事顾问。

新冠肺炎疫情后与韩国的交流

持续近三年的疫情阻断了我对韩国的访问，但没有阻断与韩国的交往，更没有阻断我与韩国朋友们的相互关心和挂念。2020年4月，我担任会长的察哈尔学会向韩国捐赠30万只KN95防护口罩等一批防疫物资，时任国会防疫委员会委员长金振杓主持了受赠仪式；2021年8月24日，为纪念两国建交三十周年，"中韩关系未来发展委员会"正式启动，我被任命为未来规划分委会的中方委员长；2021年12月21日，我获得韩国"国民统合愿景"颁发的建交三十年杰出贡献人士"韩中友好合作贡献奖"。

今年5月下旬和9月初，我两次开启每次长达近一个月的对韩工作访问，深入开展工作调研，以公共外交推动官民交往，频繁拜访新老朋友，听取了各界对改善中韩两国关系的意见和建议。

中韩两国作为搬不走的近邻，磕磕碰碰在所难免，但两国有着数千年的交往和共享共荣的东北亚伟大文明传统，世代友好始终是主流民意。民意不可违，民心所向正是中韩亲善。我有信心，因为我有太多的韩国朋友！

希望为韩中拯救地球的
合作做出贡献

权丙铉 韩国前驻华大使

中韩建交既是大势所趋

今年是中韩建交30周年，两国关系发生了沧海桑田的变化。在全球层面，中国成为G2国家，韩国成为了发达国家。这正给东亚的地形乃至世界格局带来有意义的变化。在新的变化中，中国的崛起和韩国的复苏进程备受瞩目。我认为中韩建交是实现这一新变化的历史性拐点。我们现在正在关注这种动态变化带来的新秩序的形成。

中韩建交的主角是两国人民，其原动力是民心，是无法阻挡的时代潮流。1992年中韩建交对中韩两国和两国人民来说都是互惠互利的最大节日，时值30周年，我对此依然笃信。中韩建交克服了近一个世纪的障碍和艰辛，这对于当时身处建交现场的我来说，两国能够像以往那样自由往来和交流，是无比开心的事情。

建交后，一场始料不及的巨变正在发生。这是一种积极而非消极的变化。我认为，随着两国人民之间的互惠友好睦邻关系的恢复和两国关系的发展，中国和韩国正在回归文明的中心舞台。正如中韩两国人民长期以来在人类文明的中心舞台上相互合作，领导文明一样，我们也梦想着共同为人类和平的未来和处于危机的全球环境做出贡献。

松茂柏悦

在中韩外交工作会谈开始之际，我向中国代表团提出的第一个话题是"松茂柏悦"。其意为同科的松，柏在同一个生态系统中互相帮助才能长得更好。中韩建交三十年，我想献给中韩两国人民的话题就是饮水思源，它指的是在你口渴喝水的时候，要想到那个挖井的人。

我认为韩国在中国的崛起中扮演了很重要的角色。同时，韩国之所以能够拥有现在的地位，受中国的影响也很大，我们无法否认这些历史事实。在中韩建交30周年的今天，我们再次回顾一下韩中两国和两国人民在韩中建交后享受到的巨大实惠。

1998年2月金大中政府上台，同年3月我被任命为驻华大使，当时面临的最大难题是IMF金融危机。进军中国的韩国大企业和中小企业大都面临着破产危机，韩国该如何度过金融危机，可以从中国得到什么帮助，都是要面对的问题。时任中国国家副主席的胡锦涛于3月26日至30日正式访问韩国，包括金大中总统在内的政界，经济界最高领导人都迫切请求中国的合作和帮助。作为胡副主席的名誉大使，我在现场清楚看到了当时韩国的迫切和中方的应对。胡副主席此后访问了进军中国的韩国大企业和中小企业，中国中央政府向全国下达了具体指示，要求对进军中国的韩国企业给予和中国企业一样的救助，很多韩国企业因此避免了破产命运。

今年尹锡悦总统就任后，美国总统拜登打破了首先访问日本的惯例，率先访问韩国，在产业领域加强务实外交。感觉现在的韩美关系和1998年当时的韩中关系发生了微妙交叉。饮水思源是中国总理周恩来最喜欢的一句话。中国人不会因为受到恩惠的人不报恩而生气，但是他们永远不会忘记。随着中美争霸战愈演愈烈，我们的选择面越来越窄，已经成为发达国家的韩国，是时候深思熟虑一个明智的生存战略了。

新型中韩关系和"拯救地球"

中韩建交这一新生命诞生时，我扮演了助产护士的角色，所以为了这个生命能够持续生存下去，我余生将作好中韩合作的守护者。

中国与韩国一道，一直走在文明史的前沿，引领着世界的东方文明。东方文明是"天人合一"的文明，即人与自然融为一体的文明。西方工业化和机械文明带来了人类历史上最好的世界，但也带来了人类和自然的两极分化，人与地球的两极分化。以这样的速度发展下去，我们将不得已走上衰亡的道路，因此我们必须找到解决方案。我们需要找到一种引领人类与自然能够共存，今世与后代能够共存的可持续文明。

相信中韩携手重归文明舞台的道路也符合"拯救地球"的发展议程。为了拯救被现代文明破坏的地球，中韩两国后代将带头与全世界的后代一起，实现"天人合一"，即生态文明，期待我们能够在人与自然共存，可持续发展方面起到带头作用。

韩中关系，议员外交不可获缺

朴丁 共同民主党 国会议员

回忆那个时代和岁月的渴求

为解决东亚危机，虽然许多专家提出了各种解决方案，但此事并非轻易就能解决。韩国与朝鲜，中国，日本等东亚国家之间存在着不同的历史关系。可以肯定的是，如果物理距离临近的国家不互相合作，危机将持续恶化。因此无论面临如何艰难的状况，都应进行必要的合作。

其中最简单的是文化和历史方面的交流。特别值得一提的是，中韩两国人民都有抗日斗争的历史，对两国人民来说，这一主题有着特殊的意义。该主题不仅可以对为保家卫国而献出生命的先烈表达敬意，而且能进一步弘扬爱国情怀和对祖国的自豪感，可以用这一共同主题为中心，扩大中韩两国交流面。当然这并不是在提倡无条件的反日情绪，日本也是我们需要合作的对象，在不忘记这一点的前提下，最终将所有价值目标指向实现东亚和平。

近代历史上，中国和韩国都受到过日本帝国主义侵略，两国因此形成了史无前例的密切关系。韩国的独立运动家们不仅在国内掀起了跌宕起伏的独立运动，在中国的土地上也开展过很多斗争。特别是中国共产党，国民党等中国政治势力都从自身政治方向出发，对韩国独立运动给予支持，以自己的方式参与了韩国的抗日战争。以此为基础，两国民众怀着抗日斗争和保家卫国这样相同的目标和斗争经历，可以更深入地互相理解，累积更深厚的友谊。大韩民国临时政府和独立军也曾为中国的抗日战争贡献力量。

萨德问题爆发后的访华经历

萨德问题爆发的2016年，我首次当选国会议员。在中国创业和2005年就读武汉大学研究生的经历使我对中国有着浓厚的兴趣。为解决萨德问题，我于2016年8月访问中国北京，期间参加了被称为中国智库的盘古研究所主办的讨论会，侨民座谈会，北京大学教授间的座谈会，韩国驻北京媒体特派员午餐会，中国革命建设促进会部长李洪林主办的晚餐会等，始终强调的一点就是"无论发生什么事都不可以破坏中韩友好关系"。我还曾在2017年1月4日与中国外交部长王毅会面，与中国外交部部长助理孔铉佑会面，参与中国国际问题研究所专家讨论会，与中国全国人大外事委员会主任傅莹会面等。在与外交部长王毅的会面中，我与其就中韩建交25周年之际，不应因为萨德问题而阻碍两国关系发展达成共识。

那时为了恢复中韩关系，我访问中国超过20次。特别是在2017年5月的"中国'一带一路'论坛"上，我以韩国政府代表的身份访问中国，2017年12月13日以时任韩国总统文在寅特别随行人员的身份访问中国，得以见证萨德问题引发的矛盾得到解决。12月16日，我还与文在寅总统夫妇，韩国国务委员们一起访问了位于重庆的大韩民国临时政府大楼，那里既是韩国抗日战争的根据地，也是曾撼动过韩国民心的地方。

中韩交流的未来方向

事实上，除了历史文化交流，中韩两国在地方政府交流，民间经济协作和学术交流等方面都累积了丰硕的成果。韩国国内也有很多研究中国，对中国感兴趣的专家。我认为中国和韩国应该提供更多让青少年，文艺界人士能在抗日运动现场交流的机会。如果能实现政府提供援助，民间推进的形式也很不错。我认为有必要推进与东北三省地区抗日斗争相关的中韩电影合作项目（江桥战斗/李范锡，马占山将军的故事等），以历史为主题的其他文化合作也十分必要。

2019年韩国电视台MBC特别企划的抗日谍战电影《异梦》在中国上映，这一度成为话题。2019年7月10日《异梦》的制作公司表示，中国阳光七星集团子公司Seven Stars Film Studios Limited(US)和《异梦》制作公司达成协议，使得该电影落地中国，考虑到当时的中韩关系和广播环境，其被评价为十分罕见的协议。

　　为了实现中韩历史交流，我认为有必要从议会层面更积极地推进合作。韩国国会目前有两个与中国相关的外交团体，一个是根据国会议员外交活动等制定相关依据的中韩议会外交论坛，另一个是由我担任干事长的中韩议会间定期交流体系。

　　我在这个职位上介绍两国的文化交流和旅游业发展方案，并提出需要中国全国人民代表大会参与协作的方案。首先是文化领域，为恢复两国逐渐僵化的文化产业交流，需要中国全国人民代表大会发挥作用。在中韩建交30周年纪念代表项目中，开展中韩友情演唱会，中韩歌剧演出等活动，以培养两国人民的友好感情，与此同时中韩两国电视台等媒体间的交流也十分重要。

　　韩国即将正式成立近80多名朝野国会议员参与的中韩议员联盟，我将亲自担任干事，发挥主导作用。正因我身居此位，所以比任何人都了解，通过议员外交可以弥补政府间对话存在的局限。为了中韩两国能够以历史这一共同主题为中心，建立更加深厚的友谊，我将尽可能运营多种渠道，扩大合作，持续不断地为此付出努力。

春江水暖鸭先知

宁赋魁 中国前驻韩国大使

成了战略合作伙伴

各位韩国朋友，大家好。我是宁赋魁，中国前驻韩国大使。很高兴在中韩建交30年之际，通过书面方式与各位朋友进行交流。我作为外交官曾工作40年，其中大部分时间主管韩半岛事务，曾直接参与中韩建交之前两国民间交流，两国民间办事处的筹建工作及建交后推动两国关系发展的有关工作，见证了过去30年中韩在各领域互利合作中取得的可喜成果，也经历了两国关系中的风风雨雨。

中韩两国是近邻。但上个世纪80年代前的冷战时期，中韩分属两个阵营，处于敌对状态，近在咫尺，却没有任何交往，互不了解。自80年代初，我们双方开始向对方表达友好的善意，慢慢打开了向对方封闭已久的国门。中国古诗中有这样一句话：春江水暖鸭先知。我就是这样的一只鸭子，因为我当时在外交部负责中韩关系的有关工作，最先感受到中韩关系已开始解冻。民间交往的不断扩大，促进了我们之间的了解，友善，信任及合作。1992年，水到渠成，我们两国建立了正式外交关系。在过去30年，我们两国基于共同创造的东方文明，睦邻友好的东方价值观，携手同行，相互成就，在各个领域都形成了紧密的合作关系，给两国人民带来了实实在在的利益。中韩建交后的30年是两国互学互鉴，相互助力，深化合作，共同发展的30年。

告诉大家一个小秘密，我本人在建交之前，80年代中期就到访过韩国，当然不是以外交部官员身份，而是以民间身份陪同中国一个体育代表团去韩国参加亚洲区域的一个竞赛。给大家讲一个当时双方接触的真实例子。80年代初中国已开始改革开放，中方代表团的年轻运动员穿着打扮非常时尚，同那个年代的韩国青年无异。陪同中国体育代表团的一位韩国朋友悄悄地问我，你们运动员的穿着打扮同我在电视新闻里看到的大不一样，电视里中国人无论男女老少，差不多都穿着同样绿色或灰色的服装，而你们的运动员的穿着跟韩国年轻人一样，他们在中国也穿这样的服装吗？我讲这件事，是要说明交往，沟通的重要性。当时两国未建交，民间交往也很少，韩国各界渴望了解中国，但因为各种限制，韩国朋友只能通过媒体，电视，而且是西方的媒体了解中国，但媒体的报道相当滞后，也不客观，全面。我相信，在中韩建交30年的今天，没有人会再问中国人穿什么样的衣服这样的问题。

中韩两国为什么能在1992年建交？我认为，除了国际形势，地缘政治的变化之外，两国之间的直接交往，通过交往加深相互了解与信任也是主要因素。中韩两国从互不来往的敌对国家，成为相互尊重，睦邻友好，致力于共同繁荣发展的重要战略合作伙伴，这样的成果，这段历史，值得我们双方珍惜。

要站在对方的角度来相互合作

有些朋友可能会说，过去中韩关系发展很好，近年两国关系出现了问题，并对未来两国关系的发展有一定担忧。我清楚韩国朋友担忧哪些问题。两国关系中有关问题的产生原因是多方面的，包括对对方国情，文化，习俗等不甚了解，误解以及舆论误导等。还有一点就是换位思考不够。中韩两国历史社会发展进程不同，现今社会制度和国情不同，经济发展水平不同，国家大小及人口规模不同，所处的外部安全环境也大不相同。在诸多"不同"的大背景下，两国民众看待对方，难免会更多地站在自身的角度，立场去评判对方。如果双方民众能够多一些换位思考，多一些理解，尊重，包容，体谅对方的国情，尊重对方的重大关切和核心利益，将有助于两国民众从更加客观的视角思考，评判两国间发生的争议，从而缩小或减少因"不同"而产生的误解，分歧。

孟子曾说过一句名言：人之相识，贵在相知，人之相知，贵在知心。就是说，人与人的交往，最可贵的是相互了解，最可贵的是相互知心。所以，加强民心相通，可持续地做好两国民间友好工作，应是中韩之间的一项紧迫课题。

我们两国常讲的一句话是，中韩是搬不走的邻居。既然是邻居，我们就要把握好邻里相处之道。中国古代有个非常著名的故事，叫"六尺巷故事"，通俗地讲，就是六尺宽小街道的故事。故事发生在中国安徽省，两个当官的人比邻而居。两家都要重修房屋，为争地皮，发生了争执，矛盾。其中一位官员的夫人写信给在京城做官的丈夫，要他干预此事。这位官员给他夫人回信说，"千里家书只为墙，让他三尺又何妨？万里长城今犹在，不见当年秦始皇"。这位夫人接到丈夫的信后，就把自家房屋的墙向后退了三尺，他的邻居见他让了三尺地皮，自己也把墙退后了三尺。从此，形成了六尺宽的小胡同。这个小街道至今仍存在。这个故事告诉我们，要做好邻居，双方要互谅互让。

我感到，尽管中韩关系的发展面临新的挑战，但多数韩国国民认为继续保持中韩关系长期稳定发展符合韩国的利益。对中韩两国而言，我们是重新回到互不往来的敌对状态，还是作为朋友，好邻居，合作伙伴继续开拓我们的共同发展之路，睦邻友好之路？我相信双方的民众都会选择后者而不是前者。

过去30年两国关系发展的定位和内涵始终未离开"合作"二字，可以说合作是贯穿中韩关系的主基调，合作给双方带来了巨大利益，合作使双方共同繁荣发展。今后30年中韩应如何做呢？我认为仍要坚持合作，在各领域坚持寻求和扩大共同利益。只要双方继续坚持相互尊重，和平共处，深化互信，合作共赢这些重要原则，今后中韩两国关系就会减少震荡，就会更稳，更好地向前发展。

在中国社会要观察的东西很多

金东根 议政府市长

留学中国的契机

在30多年公职生活的尾声，我作为京畿道行政2部知事，想进一步研究大韩民国社会和城市的发展方向。在京畿道任职期间，我参观了大韩民国的各个城市，并憧憬着去到在世界范围内拥有巨大影响力的邻国中国，亲眼确认中国的社会力量和中国社会追求的方向。2019年3月，我有幸以清华大学访问教授的身份来到中国，在北京生活了约1年。由于大学主修行政学，硕士主修城市及地区学，博士主修应用社会学，我自然而然对中国的城市系统充满兴趣。

在北京感受中国的未来

在北京生活期间我见识到了中国的过去，现在乃至未来的风貌。曾经还偶尔会遭人唏嘘"这个年代还有这种东西？"的中国，转头就实现了惊人的发展，如今已常常令外来者惊讶地问出"中国这么先进了吗？"。谁能想到曾经在韩国社会成为话题的金融科技技术已经在北京普及，当今的中国从过去走来，然后迅速走向未来。

我虽然从常识上知道中国比韩国大很多，但没想到单个城市也会那么大。有个有趣的小插曲，以前在韩国认识的朋友约我见面，因为他也住在北京，我决定乘坐出租车出行，并在约定时间2小时前十分悠闲地坐上了车。在韩国的城市内出行，我从来没有坐车超过2个小时的经历，所以天真的以为时间很充裕。但做梦也没想到北京的面积是首尔的27倍，这距离相当于从韩国的首尔市到忠清道，结果光是出租车就坐了4个小时，我切实感受到中国人所说的"规模"与我们的标准大为不同。幸好朋友对此表示谅解，但我内心仍感到抱歉。

在中国生活能够实际体验到中国的面积之大，随之而来的还有中餐的多样性。从街上就可以品尝到的市民小吃，到最高级的中餐料理，无论是怎样的环境或材料，中国人都能通过不同的烹饪方法做成美食。有一天，我和一位外国朋友在路上做了个有趣的实验，随机说出一些食材组合并搜索中国是否真有这道菜。两人各说了5个组合，结果10个组合中足足有7个是实际存在的菜肴，这充分说明了中国人对料理的热情，好奇心和实验精神。

在北京得到的"城市"灵感

在北京，我印象最深刻的是"大山子798艺术区"。当年它是由苏联援建，东德负责设计建造的武器工厂，承载了中国的工业化历史。工厂搬迁之后，年轻的艺术家们将工厂改造成为艺术空间，政府将这里指定为10个文化创意产业园区，原封不动地保留现有建筑物，通过改造，保存其历史性，创造新的价值，我对此深有感触。

议政府市在过去70多年间一直是个军事城市，目前还有未归还的美军基地约45万坪。我希望能尽可能保留其中的红云营地(CRC)，将巨大的军事营地打造成供市民休闲的艺术公园。想象一下，如果美军司令部建筑物成为创业园区，体育馆成为会议厅，教育大厅成为艺术工坊的话该有多好。在我们社会(城市)走过的生活轨迹中寻找现在，并延着这个轨迹连接至未来，这就是我在中国北京得到的灵感，并延伸成为将美军基地返还给市民的计划。

中韩两国的社会有很多相似之处，也有很多不同。中国社会需要观察的东西还很多，我在中国生活时集中观察就是这些"不同"。通过思考这些差异产生的原因，能够帮助我们深刻了解中国社会拥有怎样的力量，以及中国社会有什么待解的课题，这个过程同样可以帮助我们更加客观地看待大韩民国。

第二部分

从韩中汲取智慧

_ 有留学经历的专业人士

在中国生活20多年的理由

李赫埈 现代汽车集团中国区 总裁

"中国奇迹"

2022年是中韩建交30周年。建交以来，中韩两国在经贸合作，人文交流等领域取得了丰硕成果，积极推动了在华韩资企业的发展。同时，今年也是现代汽车集团进入中国市场20周年，对于现代汽车来说，意义十分深远。

作为1992年中韩建交后第一批来华发展的韩国留学生，我在中国学习，工作，生活了20多年。在这期间我目睹了中国经济的繁荣发展和科学技术的不断进步，切身感受到了中国日新月异的变化，也见证了现代汽车中国事业的瞩目成就。因此，我对中韩两国未来的发展充满信心。

1978年和2001年，对于中国来说是两个重要的转折点。改革开放和加入WTO两个标志性事件成为了推动中国经济发展的巨大动力。得益于此，中国成为了全世界发展最快的国家。在短短40年间，中国通过制定完善的发展规划，向世界展示了经济，工业，技术等多方面的发展；通过不断扩大对外开放，优化营商环境，为全球企业发展带来了重要机遇。

2021年中国人均收入（GNI）为1.24万美元，接近世界银行规定的高收入国家水平（1.27万美元）。从技术层面来看，中国将先进技术与新的商业模式结合创造了新产业，正在引领未来创新社会。

回顾韩国经济发展史，我们将韩国二十世纪七八十年代的经济高速发展称为"汉江奇迹"，其实中国改革开放后经济，科技，文化，国际地位等各方面取得的发展成果也可以称为"中国奇迹"。中国经济具有巨大的韧性和强大的发展潜力，将会持续保持稳定增长。

中国，从汽车大国到强国

从汽车产业需求来看，中国汽车市场需求量每年约2，500万辆，既是全球最大的汽车市场，也是最大的汽车生产国。同时，中国汽车市场也掌握着全球最先进的技术，尤其在自动驾驶和与未来新技术结合方面，正由汽车大国发展为汽车强国。

为改善营商环境，中国制定了包括外商投资法在内的多项制度。近两年来，汽车行业取消了乘用车，商用车外资股比限制，这将有力推动包括现代汽车在内的外资企业在中国扩大投资。以这一政策为基础，中外资企业之间将形成更加灵活的多种合作模式，更多先进技术也会随之引入中国，中国汽车产业的发展将进一步加速。

现代汽车集团自2002年进军中国市场以来，共设立了15家关联公司，67家法人，累计整车销量为1，800万辆，累计投资模达185亿美元，在华业务包括整车，零部件，钢铁，物流，金融等汽车全产业链领域。现代汽车集团全面参与着中国汽车市场的成长，并不断向中国引进全球最新的产品，技术和服务，为中国顾客提供最佳的移动出行服务，在中国市场创造了"现代速度"的增长奇迹。如今，现代汽车集团正从传统汽车制造商向智能移动出行解决方案提供商转型，而对于转型期的现代汽车来说，中国是最重要的市场。

2020年9月，习近平主席在第75届联合国大会上发表重要讲话，宣布中国争取于2030年前实现碳达峰，2060年前实现碳中和。今年3月，中国发布了《氢能产业发展中长期规划（2021—2035年）》，奠定了氢能发展上升为国家能源战略的基础。

对此，现代汽车集团旗下的现代汽车，起亚汽车，现代摩比斯等主要企业计划在2045年实现碳中和，并正为此推进旗下所有车辆向电动化转型，关联公司加入RE100(100% Renewable Electricity)环保倡议等。

为助力中国早日实现碳中和目标，现代汽车集团以全球领先的氢燃料电池技术为基础，于2021年初在广州投建了集团海外首个氢燃料电池系统生产基地（简称"HTWO广州"），今年年底即将竣工投产。未来，我们将物色国内优秀的氢能上下游企业，计划在汽车，发电机，船舶，火车乃至工厂，发电站，住宅等方面持续扩大氢燃料电池系统的供应，为早日实现零部件的本地化生产做出贡献，推动氢能产业的全方位合作。

中国汽车产业潜力巨大

今年是中韩建交30周年。加强两国经贸合作既是市场和时代的选择，也符合双方的共同利益。区域全面经济伙伴关系协定（RCEP）将为两国经贸合作提供新的平台和机遇。今年，现代汽车与中方合作伙伴共同为在华两家合资企业——北京现代汽车有限公司和起亚汽车有限公司增资98亿元人民币，助力合资企业导入纯电动汽车生产线，致力于打造电动化产品矩阵，加强智能网联技术（ICV）的开发和应用，提高生产效率，为实现传统车企的转型做出积极改变。

近年来，现代汽车集团在华事业虽然面临着很多挑战，但在中国政府进一步扩大高水平对外开放的政策指引下，我们对华投资信心从未动摇。我们相信，只要抓住机会，挑战也会化为机遇。未来，现代汽车将以此为契机，依托两国的良好关系，通过移动出行，电动化，智能网联，自动驾驶，氢燃料电池技术等，培育有助于中国实现"双碳"目标的绿色增长新动力。同时，我们将积极投资未来技术领域，追求事业的可持续发展。期待未来的30年，中韩能够在经贸合作领域取得互利共赢。作为深耕中国市场的外资企业，现代汽车将与中国合作伙伴共同进步，共同发展，助力中国汽车产业实现进一步飞跃！

想念那时的那位朋友

金珍我 韩国外国语大学 翻译研究生院 教授

始于中国民航事件的两国交流

"呜呜嗡……"春日暖阳下的1983年5月5日儿童节。嘈杂的警笛声瞬间将和平的午后推向了恐怖的战争。大学同学的父亲听到"警笛声"，把保险柜里的钱全部拿出来分给家人，相约战争结束后在市政府前见面。这个故事像传说一样在我们朋友们之间津津乐道，由此可以推测当时的情况有多么紧急。

事件的始末是这样的。中国民航296航班于当天11点从沈阳市东塔机场出发，在飞往上海虹桥机场的途中，被卓章仁等6名劫持者紧急迫降在江原道春川美国陆军航空基地Camp Page，让人们误以为爆发了战争。

1949年10月1日中华人民共和国成立后30多年的岁月里，中国与韩国没有任何交集。但中国民航客机迫降事件发生仅3天，中国民用航空局局长沈图及33名官员和乘务员就首次访问了首尔。现在回想起来，这就像是春日里一个短暂的梦。

当时还在读大学1年级的我被选为翻译人员，前往乘坐民航机的中国乘客和乘务员下榻的华克山庄酒店，带着激动，期待，担心，好奇等难以言喻的复杂心情参加了第一次会面。

媒体们用好奇的眼光看着来自远方的邻国的人们，连日来大篇幅报道着他们的一举一动。我们提供了Prospecs鞋厂产业考察活动，汝矣岛和自然农场观光，排骨汤和冷面等韩国传统饮食，还赠送了彩色电视作为礼品。真诚的招待最终打开了中国紧闭的铁门，成为了两国开始沟通的契机。

韩中建交前与中国人的交流

正值此前两国都希望改善关系，以该事件为开端，继1984年亚洲篮球锦标赛，游泳锦标赛之后，1986年亚洲运动会，1988年首尔奥运会等各种体育交流也顺利进行。得益于此，一提到中国人，认知中只有台湾人和华侨的我，接触到了虽然有些生硬，但非常鲜活，混合着各种地方方言的汉语。

我在1984年担任了亚洲女子篮球锦标赛中国队翻译，至今还对那时候受到的冲击记忆犹新。可能是因为和女篮队员们性别相同，年龄相仿，所以感觉格外亲切。虽然见到他们很高兴，也想多聊聊，但是选手们要根据训练日程集体行动，因此有很多限制，并不能经常一起畅所欲言。

在20多岁的那个年代，对年轻而单纯的我们来说，理念，思想，意识形态等都不重要。只有时间一直无可奈何地流逝，每一天的离别都充满遗憾。虽然我们见面的时间很短，但是从充满感情的眼神中可以理解彼此的心情。

那之后过了8年，1992年8月24日中韩建交。现在只要稍微抽出一点时间，就可以通过电话和中国朋友聊天。我写着这篇文章，恳切地希望那个朋友现在生活幸福美满，期待我和她取得联系，未来某天可以重逢。

英语学徒，成为中国专家

李东奎 峨山政策研究院 研究委员

决心留学中国

我是在清华大学获得博士学位，目前在峨山政策研究院区域研究中心，作为中国专家，主要研究中国的政治外交，中韩关系，东亚安全等领域。

偶尔见到大学同学时，我一提到为了学习中国政治去中国留学，他们就会露出惊讶的表情。因为我毕业于韩国外国语大学英语系。我在大学时对中国产生好奇心并决定去中国留学的原因是一本名为《野天鹅》的书。通过这本书我才认识到我对现代中国几乎一无所知。直到那之前，我一直自豪地认为我对近代以前的中国历史非常有把握，并且我认为中韩两国分享类似的文化，因而这本书让我对那些相对陌生的现代中国留下了深刻的印象。现代中国建立在战胜西方列强和日本侵略的基础上，并作为社会主义国家经历了与韩国完全不同的历史发展过程。通过改革开放而变化的中国被看作是一个未知的世界，充满活力和魅力的国家。从此我对中国有了很大的兴趣，选择汉语作为第二外语，随后为了进一步了解中国开始考虑去中国留学。

读研时，我曾经跟一位教授进行过就业咨询。当我说我想去中国留学时，他建议我去美国研究中国。但我却不能轻易放弃去中国留学的想法。因为我并不是只为了学术上的成就而学习中国。我不想通过书或视频来了解中国，我要的是亲身感受快速变化和发展的中国的实际情况。我想直接与中国人交流，听取他们的想法，并体验他们的文化和生活方式。2005年8月我去到北京进行语言研修，并开始准备博士入学课程。

中国同学的包容和关怀

在国外的留学生活并不容易。我不得不重新学习并适应跟韩国不同的学校体系，文化，生活方式，在此过程中也经历了不少困难。而且，由于经济问题我曾经暂停学业去打工。但在留学期间认识的同学和老师们的帮助下，我顺利完成了清华大学的博士课程并拿到了博士学位。可能是我运气好的原因，在清华大学遇到的中国人都能让我感受到包容和温暖。

一想到曾任导师的曹德本教授，现在心中仍充满感恩和愧疚。我是从2007年9月开始博士课程，直到2015年1月才结束，比系里的其他学生要长。结婚后，因经济上的问题，有时会停学工作，也曾因经济压力向教授表示过放弃博士课程的意愿。对教授来说，我是一名很让人头疼的学生。但是教授一直都非常支持我，他拍拍我的肩膀说："博士课程本来就很累。加油！"。虽然话不多，但这句鼓励真的给了我莫大的力量。我向教授表示衷心的感谢。

4名同届同学并没有因为我是外国人而排斥我，而是主动地提醒我容易错过的学校活动或作业，对我很是照顾。每当想起他们，我就会想起2008年的春节。那时我同系的同学类哥不知怎么知道我没回韩国过年而是留在北京，他突然联系了我。其实，当时跟他交流的并不多，所以当接到电话时我并不知道对方是谁。他说，如果过年没什么事的话就到他家一起过年。去到类哥家时，迎接我的是一个大家庭。类哥的父母，家人以及其他亲戚都热情地迎接了我。在热闹的气氛中一起吃饭，还一起放鞭炮，让我度过了非常愉快的春节。这不仅是身为外国人能够体验中国春节文化的好机会，更重要的是，从中我深深感受到了他们的关怀和温暖，以及在异乡佳节中难得的幸福。

或许有人羡慕在美国或西方国家留学的人的英语水平和学术深度，但我从不后悔去中国留学。虽然有过艰难的时候，但回想起来，那段时间是在我人生中充满满足感的幸福的时光。不仅是学术上的进步，还有对中国变化和发展的亲身经历，极大地满足了我对中国的好奇心。同时，在这段时间里认识的教授，同学以及其他很多中国朋友，使我的生活变得更加丰富多彩。

希望涌现更多在韩中间架桥的后来人

我认为亲身体验中国的留学经历给我毕业后作为中国专家研究中国带来了很大的帮助。这不仅是有利于构建在中国国内的人际关系，而且有利于以中国人的思维方式和角度为基础，更准确地理解和展望现代中国。这可能是从外部看来并不明显的微小差异，但也是通过书或外部视角无法理解的差异，对于培养与他人不同的独有专业性，并以此为基础开展相关领域研究，是一个非常重要的优势。

当然，由于各自的想法，地位，行业不同，对中国有可能有好感也可能有反感。但是，以生活在对方国家的亲身经验为基础，能够更准确理解对方这一点是没有改变的。这将毫无疑问地成为中韩关系健康发展和未来合作的基础。韩国将如何发展中韩关系，并在此过程中如何追求本国利益，最终将归结到如何正确，客观的理解中国。希望今后有更多韩国年轻人对中国感兴趣，选择去中国留学，希望韩国涌现更多通过深入了解中国来追求中韩关系发展未来的栋梁之才。

有缘的话何惧远隔千里

金信 KISMET KOREA 法人代表

留学中国的契机

我有不少和中国相关的特殊履历。虽然我大学接触并主修了中文，但毕业后在大韩贸易投资振兴公社和三星总部主要负责与中国以外的其他国家进行海外投资业务，因此与中国疏远了一段时间。然而越是这样，想要重新好好体验中国的渴望就愈发强烈。提到三星大家都会想到韩国最优秀的大企业，我工作期间自然积累了很多经验，但"中国"这个关键词始终萦绕在心头。有很多在海外市场表现出色的中国企业，与他们交流时，我会一下子想到"中国政策基调走向会是怎样的？"，"中国今后对韩国有什么意义？"这种根本性的问题。为了实地探索和解决这些问题，我鼓起勇气，重新出发。

于是抛开在三星的7年时间，我重回学生身份，于2018年开始在清华大学公共管理学院攻读硕士课程。周围有很多人表示支持，但同时也有很多人担心："为什么要放弃好工作从零开始呢？"就我个人而言，这是一段能够进行自我思考的宝贵时间，让我知道自己真正想要的是什么，今后想开拓什么样的道路。同时，对于我喜欢的国家——中国，可以更加深入地交流和亲身体验其政策和文化等方面。就这样，我重新来到了我20岁大一时首次接触到的中国，像重新找回初恋一样，对我来说具有与众不同的意义。

在清华大学的回忆

在中国有或长或短经验的韩国人会想成为"中国通"，正因为如此，我非常积极地参加了校内外可以参加的各种活动。例如，冬天纪念中国抗日历史的12.9合唱大赛，还有暑假参加的社会实践(短期研究实习概念)等。公共管理专业的社会实践，最特别之处是要在地方政府机关进行，此前从没有外国人参与过。虽然我是留学生，但不能把自己跟中国社会隔离开来，关在留学生这个狭小的圈子里。要摆脱"我是外国人"的限制，就得积极主动地参加这些实践活动。所以暑假前，我多次去麻烦清华大学负责行政的老师，表达想去参加社会实践项目的愿望。最终相关地方政府的投资局回答称有意接受外国留学生，使得我如愿在两周多的时间里被安排到中国云南省玉溪市，积累了宝贵的经验。

正如俗话说的"读万卷书不如行万里路，行万里路不如阅人无数"，这是为了在中国社会，中国体制下与中国的文化，朋友进行直接交流，体验最真实的中国。在云南省玉溪市参加社会实践时，我印象最深的就是中国的"包容性"，这次实践活动对我来说既是来之不易的机会，也是并不轻松的挑战。

珍惜缘分

我为在中国大大小小的经历，或深或浅的缘分，包括这个社会实践在内所展现出的真诚友谊所感动，并会将它们永远铭记在心。怀揣着感恩的心，我又产生了一个小小的梦想，那就是在韩中未来关系中积极发挥桥梁作用，推进韩中友好关系，促进两国有意义的交流，实现关系发展的价值。

无论在学业上还是生活上，我都很热情地与中国朋友交流，努力传递正能量。就这样，无论是学术交流还是生活中，我都自然而然起到了韩中关系的桥梁作用。我回到韩国创业，在从事与中国相关的业务时仍然保持着这样的心态。我创立的KISMET KOREA业务领域包括进军中国的企业咨询，创业建立中小企业BM，招商引资，品牌及数码营销，发掘客户及指导服务等。公司名"KIS-MET"意为"缘分"，中国谚语中"有缘千里来相会，无缘对面不相逢"，公司便是为了反映此意义而取的名字。我今后将继续重视中韩之间的友好关系和缘分，尽力帮助和探索两国合作交流的各种机会。

20年前的一个小不点儿…

闵智秀 LG电子经营支援部 先任

十一岁的我，迷上了中国

记得那是2001年的冬天，我当时才10岁，有机会参加了上海一所国际中学举办的冬令营。第一次和中国同学们打招呼，他们竟然用不太标准的韩语和我说了一句"安宁哈赛哟"，让我感到很意外，也很亲切。他们主动地查找与韩国文化有关的图书，或者找来韩国音乐和我交流。我也一下子对中国文化发生了极大的兴趣，甚至想留在那里生活。虽然，当时我的中文水平非常有限，但每天我也都利用一切办法和中国同学们交流，感觉自己就像进入到了另一个全新的世界，心里开始有了留学中国的梦想。

为了让我学好中文，爸爸专门帮我聘请了一位在韩中国留学生。通过老师的辅导，我获得了更多关于中国的信息，比如：中国民族，历史，地理，烹饪，歌曲等等，这些都让我大开眼界。那时候她还专门找设计师给我做中式服装，并指导我参加过一场与中国有关的芭蕾舞比赛，并获得了理想的成绩。有时候，老师还邀请我到她的宿舍，叫来几位中国留学生一起吃中国的家常菜。

2005年，我怀着进入中国重点大学的梦想，来到青岛一所国际学校读书。当时，教我中文的有两位老师，一位是汉族，另一位是朝鲜族。在两位老师的指导下，我的中文水平很快就达到了可以和中国同学自由交流的水平，于是班主任把我安排到和中国学生一起上课。为了和他们达到同样的水平，我除了努力学习汉语之外，还在努力学习英语。假期的时候，我就和中国同学们一起主动做翻译练习，还去加拿大参加夏令营，冬令营。这样，我的英文水平进步很快，有一次还得了全校第一名。从这之后，我也开始帮助中国同学们学习英语。有了这种自信，我的留学生活也变得更加丰富多彩。

正式向"汉语"专家出发

高中毕业后，我又选择回韩国大学读中文系。大学期间，导师给我介绍了几位中国留学生。由于我在中国留学过，和他们在韩国的留学生活有很多共同语言，所以我经常去他们的宿舍一起做饭，互相学习中国菜和韩国菜。有时候我还当他们的韩语老师，纠正他们的韩语发音，鼓励他们参加各种全国性的留学生活动。在我们准备就业的时候，还互相给对方当面试考官。毕业时，我受她们的影响，申请了中国政府奖学金项目。

很幸运，我通过审核拿到了奖学金，顺利入学到北京的对外经济贸易大学，选择的专业是中韩同声传译专业。入学后不久，我参加了驻华韩国大使馆，韩国贸易协会主办的中韩青年营销大赛，介绍韩国"美丽小店"进军中国市场的方案，获得了冠军。

在2014年至2016年读研期间，在导师的指导下，我参加了许多翻译活动。让我印象最深刻的是在韩国CJ集团中韩电影节上给姜帝圭导演，宋承宪等中韩两国著名导演和明星做翻译。不仅如此，我还在CJ E&M对外协力部获得了实习机会，学习了中韩两国的电影，电视剧等媒体领域的知识。大型舞台上的经历，让我成长了很多，对中韩文化比较产生了兴趣。

值得一提的是，我还参加过有60多年历史的"韩国小姐"（中国赛区）比赛。以往大型舞台上积累的经验，让我表现的更加大方。这次比赛，我与在华留学的众多韩国留学生同台竞争，和他们一起学习跳舞，表演和演讲，最后获得了第三名的好成绩。

2016年，硕士毕业后，我又回到了韩国。由于我的成长过程一直没有离开中国，所以我决定让自己掌握更多与中国相关的知识和技能。2018年，我获得韩国国家行政安全局颁发的外语（中文）行政士资格证书。2019年，为了让更多韩国人了解中国语言，文化，经济等方面的知识，我出版了《Miss Korea的中国日记》一书。我还在中国银行首尔分行贸易金融部工作了两年多，学到了许多中国的金融业务知识。2021年，我又成功应聘到LG集团，面向国内外地区用中韩双语介绍，宣传LG DISPLAY的新技术，继续从事与中国相关的工作。在工作期间，我也不忘继续参与中韩两国的友好交流。2021年，我参加驻韩中国大使馆主办的2021-2022中韩友谊之年的征文大赛，获得"最优秀奖"。

作为希望韩中友好的一员

2022年迎来了中韩建交三十周年，我作为中韩双语主持人参加了"中韩书法交流展"，聆听了国会议长金振杓，中国大驻韩使邢海明等中韩两国知名人士的演讲，让我进一步感受到中韩两国交流的重要性，必要性。与此同时，我决心为学习中韩两国文化的学生们做出小小贡献，作为讲师赴济州大学进行特讲，以中韩双语主持人，翻译身份参加中国驻济州总领事馆主办的纪念中韩建交三十周年相关活动。

二十年前的一个小学生，通过一次到中国的游学，感受到了中国文化的魅力，此后的学习，工作都与中国文化紧紧结合到了一起。对我来说，中国的经历是我人生中最宝贵的财富。中国不仅仅是我的第二故乡，也是我未来生活的重要寄托。我要感谢我的父母，让我很早就接触中国，学习汉语，有了后来的经历。我也要感谢在中国的生活和学习经历，让我变得更加坚强。我要感谢每一位帮助过我的中国老师和朋友，让我变得更加自信。"路漫漫其修远兮，吾将上下而求索"。作为中韩友好交流中的一名志愿者和使者，我将继续为中韩友好发光发热，贡献自己的力量。

不会因为是外国人就网开一面……
谢谢,教授！

王卫军 中国科学院 深圳先进技术研究院 工程师

作为"民间大使"的责任感

至今很难忘记2007年7月刚到韩国时的窘境，因为是第一次出国，不清楚入境的流程，当被海关盘问时，用蹩脚的英文交流也没有说清楚，最后还是同行的学生帮我解答问题才得以放行入境。还在担心出了机场怎么办的时候，大使馆教育处派的接机人员已经在出口等我们了，让我瞬间有种回家的感觉，紧张感随即消逝。

在大使馆的欢迎仪式上，教育处的老师对我们说："在坐的各位都是国家的优秀人才，你们在韩国学习专业知识的同时，也要把我们国家的文化和思想传达给韩国的民众，做好中韩两国交流的'民间大使'，成为两国合作交流的桥梁和纽带"。从那一刻起，我才深刻意识到自己所肩负的责任。

在韩国印象深刻的几段记忆

随着在国外时间的延续，新鲜感2008年北京奥运会之前，很多没有来过中国的韩国人对中国的印象还停留在我们改革开放初期的阶段。我在研究室第一次全体会议做自我介绍之前，放了一个武汉市的城市宣传片，然后说我来自这里。研究室的韩国人都很惊讶，说武汉在哪里，这个视频应该是香港的介绍吧，怎么会跟韩国的首尔一样，是一个现代化的大都市。类似的疑问一直持续到08年奥运会之后才有所减少，因为奥运会开幕式的全球直播，让全世界的人看到了我们国家的繁荣景象，以及我们国家的巨大变化。多年以后我才逐渐了解，韩国的电视台很少播放中国都市现代剧，都是古装武侠剧，或者香港的电视剧，所以很多老百姓了解不到中国的变化。中国全面开放的政策，正吸引着全球各地的人来旅游，学习，交流和就业。

而一次偶然的周末访友经历让我陷入深深的沉思。我的一位朋友约我们几个中国留学生周末去他租住房屋的房东家玩，我欣然同意。我朋友的房东非常热情的接待了我们，在野外准备了丰富的烧烤。虽然是在野外烧烤，我们几个留学生偶尔会把用过的餐巾纸丢进餐厨垃圾袋里面，结果我发现韩国大叔把餐巾纸取出放到旁边的普通垃圾袋里面，虽然我们了解韩国垃圾分类的政策，但是韩国人却执行的非常严格和认真让人觉得不可思议，另外一件事，朋友房东带我们几个到他家旁边的一个厂房去看了之后，我彻底的明白了，原来朋友的房东是开工厂的，生产电力设备的。他公司生产的设备大都出口到了中国和东南亚一些国家，虽然只是一个小公司，但是厂房里面规整有序，生产设备很先进，自动化程度也很高，在我的认知里，国内有实力的大公司才会有这样的生产线。带着这样的疑问，我时刻告诫自己要努力学习，利用各种机会去参观韩国的各类企业。随着我对韩国的深入了解发现，韩国由于人口少，劳动力成本很高，导致了工业自动化程度非常高，韩国较早完成了工业化布局。回国之后才理解为啥韩国是世界上工业机器人密度排名第一的国家。

我能够创业的原因

我所在的实验室，在学科领域内，规模和成果在韩国是数一数二的。他去美国交流很频繁，所以很多理念很超前，对学生要求很严格，毕业要求也超过了学校的基本毕业条件。我至今不能忘记他给我说过的话："如果我让你轻松的毕业，那是对你不负责任，因为你达不到博士的水平。而且，我也不会因为你是外国人就对你网开一面。"在这样一种氛围下，研究室每个学生的压力就很大，我多少个日日夜夜都是在实验室中度过。也正是在导师严谨治学的理念下，实验室的成果和影响力逐渐得到提升。

汉阳大学攻读博士学位的这4年中，我带着导师参加了2次在中国举办的国际学术会议，访问了清华大学，哈尔滨工业大学等多所知名高校，以及中科院深圳先进技术研究院，哈工大机器人国家重点实验室等研究机构，让导师充分了解中国在相关领域的研究进度和研究成果。在这些沟通的基础上，努力促成教授的实验室与哈尔滨工业大学机器人国家重点实验室签订了合作谅解备忘录，每年举办两次学术交流活动，进行学生互换，共同培养，共同申请课题开展研究，为哈工大与汉阳大学的合作交流打下了坚实的基础。为中韩两国的科技交流和国际合作做出了贡献，将"民间大使"更进一步做到实处。作为希望韩中友好的一员，我认为这一切都是因为教授对我的信任和鼓励。正所谓苦尽甘来，教授，非常感谢您！

二人携手在韩国筑梦

高荣科 中国石油大学（华东）教授，博士生导师

常瑜 中国石油大学（华东）教务处职员

如果梦想有起点

（高荣科）2009年8月27日，一个记忆深刻的日子，刚刚本科毕业的我，从山东青岛流亭机场登上了去首尔仁川机场的飞机。回想起大学师长推荐，与父母商量，到最后决定出国的过程，面对在当时看来很多的未知，带着父母那句"好男儿当志在四方"的鼓励，来到了汉阳大学ERICA校区，从一名科研"小白"开始了研究生的求学阶段。幸运的是，在课题组韩国同学以及其他来自中国的访问学者，师兄们的指点下，学业很快步入正轨，在来韩不到一年的时间里发表了第一篇1区SCI论文。第二学年伊始，赶上了国家留学基金委第二个五年计划的新政策，在驻韩使馆教育处的老师们鼓励下，我通过申请成功获得了公派留学资格。

（常瑜）我于2008年高考后赴韩留学，在梨花女子大学新闻学专业完成了本科，硕士阶段的学习，如果说梦想是有起点的话，那么

选择留学韩国就是我人生最无悔的选择。梦想不仅是要仰望星空，更需要脚踏实地。在刚到韩国的时候，我开始苦练韩国语，努力让自己多和韩国同学交流，因为所学的新闻专业是学校文科专业中难度系数较高的专业，想要跟上进度顺利毕业，必须要加倍的练习，但现在回头来看，那些曾经一人扛着十几斤的设备走在首尔街头采访社会问题的经历，与韩国民众沟通交流时他们通过自己的表述对中国心生向往时的经历，通过选拔成为首尔市外国留学生"名誉警察官"的经历等等，都成为了厚植梦想的土壤，能够让我以更加自信状态去迎接留学生活的挫折与挑战。

时光不负赶路人

（高荣科）由于在大学期间有一定的学生工作经验，从2013年开始，我参加了在韩留学生的学生工作，至2015年回国工作之前，担任了全韩中国学人学者联谊会副会长和在韩中国国家公派留学人员联谊会副会长。在6年的韩国留学生活中，幸运的是，那时认识了我现在的夫人常瑜女士，在她的带动下，让我从多个角度对韩国有了更多的了解。

（常瑜）2012-2015年我先后担任了梨花女子大学中国留学生会会长和第九届全韩中国学人学者联谊会秘书长兼副会长。难忘2014年元旦，经过与梨花女大国际处，校长办公室等多个部门的沟通协调，成功获得了在梨花女子大学拥有百年历史大讲堂的使用权，这是梨大校史上举办的第一次中国学人学者千人齐聚一堂的新春联谊会，当大讲堂内奏响国歌的那一瞬间，我的内心久久不能平静，因为坚持与热爱让梦想从想法变为现实。我愈发意识到，沟通是连接心灵的窗口，很多韩国友好人士对留学生的态度是包容和理解的，只有本着尊重理解的想法站在对方的角度去思考交流，才能真正打通文化差异的壁垒成为友好和谐的睦邻。

实现梦想的新征程

（高荣科）我与妻子在韩国结下了不解之缘，因此决心永远记住与韩国的缘分。从2021年5月开始，我在中国石油大学担任教授，繁忙的工作之余也在思考如何为中韩交流做一点努力。中国石油大学位于美丽的海滨城市青岛，与延世大学，汉阳大学等12所韩国大学建立了合作关系。在我的参与下，国家留学基金委员会的创新型人才国际合作培养项目得到批准，将向韩国KAIST，中央大学等3所高校，派出我校优秀教师和学生开展学术交流。今后如有机会，我希望能为我校与韩国高校交流合作做出更多的贡献。

（常瑜）回国工作七年来，在韩国留学生活依然历历在目，首尔街景，北汉山，汉阳的校园，时常在脑海中浮现。当前，国际局势复杂多变，新冠疫情跌宕反复，一定程度的阻碍了国际学术交流，只能通过线上开展视频会议与国际同行展开交流。希望疫情能够在不久的将来尽快结束，中韩往来能够恢复正常。

消除偏见和误会的最好方法

张雷生 吉林大学 高等教育研究所 副教授

从那时起开始关注沟通

时光飞逝，转眼之间从韩国留学归国已经八个年头了，目前是一名从事和韩国教育相关研究的高校教师。我刚到韩国留学的时候，因为语言不通，只能用蹩脚的英语加上夸张的手势和身体语言与韩国当地人进行沟通，为此曾经闹出很多误会。

作为当时在韩中国留学生联合会（现全韩中国学联）的主要成员之一，为了更好的向韩国社会民众展示真实，立体的中国国家形象，我们组织身边韩语好的同学积极与韩国当地媒体建立联系，鼓励中国留学生把自己在韩国留学的感受用文字，图片，视频的形式反馈给媒体。

与出租车司机的约定

对于留学生而言，海外留学期间攻读博士学位阶段，无疑是最累最有挑战性的，尤其是对于年龄偏大，语言基础薄弱的我而言，这个挑战就像一座高耸入云的大山横在我面前，需要我一步一步攀登，一步一步去征服。因此，为了课程学习不掉队，为了课堂讨论不坐冷板凳，为了对得起中国留学生这个称号，为了不给国家抹黑，通宵达旦，废寝忘食可以说是学习期间的家常便饭。

博士二年级暑假的一天晚上，我加班赶一个国际学术会议的论文发表报告，打算从研究室回家时已是凌晨一点半，就拦了一辆出租车。司机大叔是一个很健谈很和善的韩国人，非常风趣幽默。让人意想不到的是，这位大叔竟然曾经是一家大公司的高管，现在子女都在美国定居，他和老伴俩人退休后不愿意在家赋闲，就出来开出租车，带着乘客满城市溜达。20分钟的车程他和我聊了一路，下车时司机大叔执意留下了我的电话号码。

没过多久，到了韩国最重要的节日之一——中秋节，我们留学生会组织品尝月饼和赏月活动中，我的电话响了，接通以后是一位韩国大叔的声音，非常客气有礼貌，可是我脑海里一时想不起来是谁，对方很有耐心地问我："还记得前一段搭乘我的车回家吗？中秋节怎么过啊？有没有准备好吃的啊？给家里父母打电话了吗？"一连串的问题加上那和蔼慈祥的声音，一下子让我想起了那个夜晚和出租车上的故事，这才记得当时还约定中秋节时去老人家中吃饭，过韩国传统式的中秋节。

我们组织筹备的中秋活动也非常重要，去大叔家是不可能了，怎么办？我灵机一动：干脆邀请大叔和他的家人参加我们的活动，和我们中国留学生一起过中秋。结果惊得我们张大了嘴：韩国大叔竟然把家人都带来了，还带来了一大堆韩国传统美食，包括松饼，年糕，蜂梨，猪蹄儿，韩国烧酒……再加上我们准备的各种馅的月饼，凤梨酥，花生，瓜子，啤酒和二锅头……这是一次传统的韩国式中秋家宴与中国留学生的中秋聚会的大融合。看到慈祥和蔼的老两口和他们的家人，我们从刚开始的拘谨变得越来越轻松自然，大叔一家和我们一样都无比开心。几十人在学校宽敞的足球场上开了一次别开生面的中韩民间联合中秋大PARTY，欢声笑语引来路人一阵阵赞叹。从那以后，每逢春节，中秋，大叔都会打来问候的电话，还诚挚地邀请我到他家去过节。

现在想作为韩中沟通的教育工作者来回报

其实，各个国家的人民对于和平和友谊的追求是一致的，加强了解和互信的过程也是如此简单。我们每个海外留学生都应将自己打造成一张熠熠闪光的和平友谊使者，我们的一言一行，一举一动，都在向留学国的民众和媒体传达展示我们中国真实的面貌。要积极利用在国外学习，工作的机会，通过在国外的所见所闻，学习和观察来积累宝贵经验。我想作为培养这样的人才的教育工作者来回报。

美丽的韩中同行，开始！

李嵩 青岛广电营销策划有限公司 总经理

韩国初印象

"红瓦绿树，碧海蓝天"，这是近代著名思想家康有为对青岛的评价。因为宜人的气候和得天独厚的地理优势，青岛成为了为最早一批沿海开放城市。早在中韩两国建交之前，山东省第一家韩资企业便落户青岛，开启了韩国企业在中国投资的先河。1990年，山东与韩国仁川开通了中韩第一条海上直通航线-"金桥号"客货班轮，架起了鲁韩友谊的"金桥"。1992年，中韩建交以来，青岛先后与大邱，仁川，平泽，釜山，大田等七座韩国城市缔结了友好城市，而作为一个土生土长的青岛人，与韩国结缘还要从中学开始。

九十年代后期，随着大量的韩国企业来青岛投资兴业，一时间，青岛的大街小巷总能见到韩国人的身影，吃上一顿韩式炒年糕，和饭店的韩国老板娘说上一句"安宁哈撒哟"，也算是当时青岛人的一种时尚。

1998年，还在上中学的我，有一天班里突然来了一位韩国同学，现在想起来，总是面带笑容的脸，或许这就是我对韩国的第一印象吧。慢慢的我们成为了好朋友，也正因为这位韩国同学，我第一次一圈一竖的学会写自己的韩文名字，也就从那时起，冥冥之中与韩国结下了不解之缘。

逐梦韩国行

2003年，怀揣着对韩国的期待与梦想，我选择了赴韩留学。短短一个小时的航程，让我惊叹青岛和韩国隔的如此之近，一个懵懂无知的少年，开启了全新人生的篇章。经历过语言不通的挫折，到慢慢掌握韩语的窍门，再到熟练地用韩语跟朋友交流。从语学堂，大学本科，到最后取得硕士学位，八年的留学时间，我把人生中最宝贵的青春记忆都留在了韩国。伴随着时间的推移，虽然时过境迁，曾经熟悉的韩国小巷在我的记忆里变得模糊，但是熟悉的韩语，不经意间与别人初次见面时握手方式，又或者是端起酒杯转身喝酒的习惯，这时我才发现，原来我韩国的记忆从未曾消失。

2006年，是我的到韩国的第三个年头。非常荣幸加入在韩中国留学生联合会担任秘书长，在中国驻韩使馆教育处的带领下，为全韩国近6万名中国留学生提供服务，帮助刚到韩国的中国学生适应韩国的生活，处理突发情况，组织各类线下活动，让大家能够在韩国感受到祖国母亲的温暖。我还经历过北京奥运会火炬在韩国传递，接待过我国重要领导人来访韩国等一系列重大时刻，也组织过全韩国留学生为2008年汶川地震捐款，举办过多次中国留学生运动会，迎新春晚会等丰富多彩的活动。通过学生会工作近六年的历练，不但培养了我组织协调能力和大型活动组织的经验，更重要的是使我养成了自律，严谨，高效的工作作风，这也为我将来回国工作奠定了宝贵的基础。

记录与见证

2011年，研究生毕业，我回到了家乡。正是因为曾经在韩国学联工作时组织大型活动的经验，我顺利进入到了青岛市广播电视台工作，成为了一名活动导演。不曾想，在学联工作的经历，让我把热爱变成了职业。特别是2021年以来，随着中韩文化交流年的启动，青岛与韩国在经贸，人文等领域合作不断拓展，推出了一系列富有人文内涵，体现两国友好的文化特色活动。当然，其中也不乏我的身影。由我承办的《鲁韩友好城市视频交流会》，《中韩经济合作论坛》，《中韩建交30周年纪念音乐会》等大型活动，获得了韩国驻青岛总领事馆的高度赞赏。为纪念中韩建交30周年，由我策划的纪录片《同行》被广为转发，这也算是在中韩两国"三十而立"之年，为中韩友谊献上自己的一份礼物。

感谢韩国，让我从一个懵懂少年，成长为一个自立自信的成人。感谢韩国留学时候遇到的每一位朋友，是你们见证了我的成长。衷心祝愿中韩两国在未来的日子里，守望相助，风雨同舟，正像我执导的中韩建交30周年纪录片《同行》一样，祝愿中韩两国一路同行，共同迈向更好的未来。

按照我的座右铭

唐晔 上汽通用五菱汽车股份有限公司 公关媒介经理

留学韩国不只学到知识

遥记2012年中韩建交20周年之际，我受邀参加纪念晚宴时，当时一位韩国教授说："20年的建交历程就像一个朝气蓬勃的青年人，充满着无限的活力和可能。"当时对于同样只有二十几岁的我来说，无比赞同和向往。而如今中韩建交已来到而立之年，正是在几代留韩人员的努力下，最能出成绩，出光彩的时候。

2006年末只身赴韩留学9年，学习到的不仅是书本上的知识，还有站在不同国家，不同视角看待问题的方法。韩国作为曾经的亚洲四小龙之一，在经济社会发展上仍有许多值得借鉴之处。"合作互通"是当今时代的主题，也是国家提出"一带一路"思想的核心。如何降低不同地区及不同国家间的沟通成本，提升各自优势，达到互利互惠互通，作为海外留学归国人员，在国内仍有着不可替代的优势。

从2009年加入到全韩中国学人学者联谊会以来，在一次次的活动历练中，使我较快的成熟起来，也明白无论是在哪里，保持团队的发展，加强团队建设尤为重要。被选拔为全韩学联副会长之后，也让我变得更有责任感和耐心。同时我负责全韩学联的宣传工作，在新闻稿件编写，制定宣传方案，运营新媒体平台以及活动传播策划，横向部门联动，处理媒体及公共关系等方法都有了实践积累，为后来回国在上汽通用五菱品牌公关部的发展也提供了宝贵经验。

在韩国成为正式员工

2015年毕业后，我以优异的成绩被韩国大学明日综合广告代理公司录用为第一位外国人正式员工，参与到组建大学明日中国事业部和各个宣传平台的工作中。这家公司是全韩最大最具影响力的校园媒体广告公司，近3年的工作使我具备了作为一个"社会人"和"职场人"应有的能力和素质，让我不仅在发散广告创意，制作广告内容，策划推广方案及分析广告效果等方面有了更多提高，更以公司为平台拓宽了人脉和资源。这也是我在后来的上汽通用五菱招聘中脱颖而出的原因。

在上汽通用五菱，我主要负责公关媒介板块的工作，虽然具体业务跟韩国直接关系并不太大，但是我也仍然保持和韩国教授，同学和朋友间的关系。同时在加强企业的国际影响力方面，我也在积极发挥作用。

追逐梦想无惧风雨

中韩关系如今走入"而立之年"，两国在政治，经济，外交，文化等各个领域都有了长足发展。而作为曾经的留韩人员，我们不仅切身体会到了两国友谊下，民间的深入交往带来的便利，更在学成后要努力投身于为两国关系的发展贡献更多力量。

汪国真先生有一句话："既然选择了远方，便只顾风雨兼程。"是我在步入高三教室时墙上贴着的名人名言，到现在仍是我的座右铭，陪伴我度过在韩的岁月至今。美好的未来与理想依旧在前方，现实总少不了艰难险阻，但因我们热爱自己的事业与生活，只要不断的在新征途上努力奋斗，相信总有一天会看到更美的风景！

也许这就是命运吧

曹维 哈尔滨理工大学(威海) 朝鲜语专业 讲师

走在威海的街道上

我出生于山东威海，一个距离韩国最近的中国城市。威海位于山东半岛最东端，与朝鲜半岛隔海相望，海上直线距离仅93海里。有多近呢？从威海乘飞机去北京需要1个多小时，去首尔则仅需45分钟。威海与韩国地缘相近，人缘相亲，商源相通。在威韩人5万左右，在威韩企近千家。2015年，中韩两国签订自贸协定，选定威海与韩国仁川自由经济区为中韩自贸区地方经济合作示范区。走在家乡威海的街道上，随处可见的韩文招牌和路牌，仿佛一瞬间穿越到了韩国。

家乡天然的地缘优势注定了我和韩国的缘分。从在初中结交了第一位韩国朋友，到高中毕业去韩国参加夏令营，从本科毅然选择了韩国语专业，到留韩毕业后成为一名威海高校韩语教师。我人生的每一步，都注入了难以割舍的韩国情怀。中韩建交的30年间，两国关系蓬勃发展的浪潮推着我不断向前，成就了今天的我。

2013年，我通过国家留学基金委建设高水平大学项目公派赴韩国成均馆大学攻读教育学博士。2014-2017年，我有幸作为国家汉办海外志愿者教师在中国驻韩国大使馆教育处进行了为期三年的教育调研工作。

培养人才，我人生的意义

我所在的哈尔滨理工大学威海校区朝鲜语专业自2009年招生以来，在课程设置方面下足了功夫，取得了积极成效。同时发挥毗邻韩国的地缘优势，结合中韩自贸区，山东半岛蓝色经济区等地方经济发展特色，将商务，谈判以及贸易等内容融入到人才培养过程，调整优化专业设置，打造了"韩语＋文化＋商务"的课程体系。逐步形成了以外贸翻译为导向，兼具本土情怀与国际视野的应用型韩语人才培养体系，为中韩各行业输送了大量具有家国情怀的韩语专业人才。

截止目前，我们共培养出10届毕业生，他们的升学就业情况良好，专业对口程度高且就业层次较高。升学方面，有多名学生考取了中韩优秀高校继续攻读硕士，博士学位。就业方面，有的考取了国家级公务员，有的入职了高校及科研机构，有的入职了知名韩企，还有的积极创业，发展中韩跨境电商业务。总而言之，这些优秀的韩语毕业生在各自的岗位上兢兢业业，以他们勤奋敬业的品质，全面过硬的素质得到了用人单位的高度评价，用外语书写着报国情怀。

过往30年，未来30年

中韩两国毗邻而居，两国人民生于斯，长于斯。俗话说，百金买屋，千金买邻。回顾中韩建交30年，两国关系在政治经济，人文交流等多个领域都实现了跨越式的发展。三十载沧海桑田，三十载春华秋实。中韩关系进入而立之年，我也进入人生的而立之年。和每一位中韩关系忠诚的推进者和建设者一样，我们和两国关系共同成长。让我们携手努力，在人生的下一个三十年，继续见证中韩友谊之花常开常盛！

第三部分

在中韩展望未来

_ 在读中的两国留学生

三位出租车司机和三次中国留学路

申智善 北京大学 在读博士

做交换生时遇到的第一位出租车司机

我是一个"中韩建交宝宝"，今年也正好三十岁。从大四时第一次来到中国开始，护照上就不断地贴着中国签证，我的青春留在了中国。这段日子里有三位让我印象十分深刻的中国出租车司机。虽然和他们都只有擦肩而过的缘分，但我想借这个机会，来纪念在留学中的那些珍贵瞬间。

怀着要成为留华交换生的热忱，我终于来到了北京。在首都机场第一次听到了本地人讲的汉语，穿过来来往往的人群，我独自前往出租车乘车处。上了车，我说："请到清华大学，谢谢"。司机向我确认多次后还是把车停了下来。没办法，我把装在包里的"入取通知书"拿给他看，司机师傅微笑着重新启动了车子。过了一个多小时，可算看到了清华大学的正门，我悬起来的心终于放下了。我说要在正门下车，但司机让我等一会儿。他向保安问清楚路，在学校里转了十几分钟，终于在留学生宿舍办公室前停下了车。他对我说："欢迎你来到中国。我希望你努力学习汉语和中国文化，也希望你的留学生活一切都顺利"。虽然车费已经远远超过了100元，但他却说100元一张就够了，零头儿不用给。随后，他一直目送我进了留学生办公室才离开。也许是原于那位司机师傅的祝福，我和当地的中国朋友们一起度过了一段非常幸福的日子。

背包旅行时遇到的第二位出租车司机

记得在一个炎热的夏天，在一次去看"乐山大佛"的背包旅行中，我与第二位有缘的司机师傅相遇了。司机知道我是从韩国来的留学生，很高兴地说自己最尊敬的海外领导人是韩国前总统金大中。他说自己读过中文版的《金大中自传》，并称赞金大中为"追求朝鲜半岛和平，一生为国民着想的领导人"。司机说："韩国和朝鲜两地的人民无法见面，这种情况让我很心痛。"并对我说："天下大势，合久必分，分久必合"。他说之前看到"举行南北离散家属会面活动"的新闻后流下了眼泪，他希望那些经历家人离散的人们能早一点团聚。带着司机师傅的祝福，我登上了乐山大佛。看着几代人齐心协力建造的佛像，我深有感触。正如大家合力建造的乐山大佛一样，我相信为朝鲜半岛和平而作出的努力终有一天也会得到回报。

据2022年韩国统一部公布的数据显示，韩国离散家属幸存者4.3

万多人，其中70岁以上的高龄者占85.1%。离散家属申请者名单中还有我的外祖父白学承先生，他常常思念在朝鲜的家人。在外祖父的那些孤独日子里，作为外孙女的我对此无能为力，真的让人郁闷得透不过气来。可是从"合久必分，分久必合"这句话浮现在我脑海中的那一刻起，我就把"要时刻做好准备"变为了鞭策自己不断前行的动力。

攻读博士时遇到的第三位出租车司机

在韩国完成政治学硕士后，我于2020年有幸获得了在北京大学国际关系学院攻读博士的机会，由此开启了第三段留学生生活。趁着8月中国入境政策放缓，我登上了前往中国的飞机。一个一日三餐都以米饭为主的韩国人，在山东青岛吃着馒头度过了两周的隔离生活。带着隔离确认书乘坐前往胶东机场的出租车，心情大好的我遇到了第三位让我感动的出租车司机。他对我说，"隔离期间很辛苦，尽情看看青岛的大海吧"。于是他选择滨海大道前往机场，一路上我欣赏着平静而美丽的海面。他说："希望你未来在中国的博士生活中只有美好的晴天。"

中国，俨然已经成为我的第二故乡。在过去的两年里，我在北京大学度过的每一天都好像在和时间赛跑，但每一刻又都是灿烂的明媚的好日子。由于疫情原因，我在北京度过了20个月，每天都能感受到学习的乐趣，早上起来就忙着骑车去图书馆。活动也比较自由，在校内可以与教授面对面学习。导师特意每周为我抽出时间，在学业和生活方面给予了很多建议和指导。每周五，我通过"博士生沙龙"与博士生朋友讨论自己的研究领域。周中我还会抽出一些时间在北京大学跆拳道社团与中国朋友一起锻炼，分享在韩国学过的跆拳道，相互间积累了友谊。每到周末，国际关系学院的教授和同学们会一起打羽毛球，我还作为学院代表参加了北京大学羽毛球大赛，留下了许多美好的回忆。春节时，学院的教授和学生们还会聚在一起包饺子，大家聊得热火朝天。

互相分享的记忆十分美丽

有时候，有人会问我"中国为什么那么好？"。我想说的是，自己和中国结缘以来，在生活中遇到了很多中国人，和他们有关的回忆都弥足珍贵。虽然在韩国和中国偶尔会看到那些让彼此误解的问题，但实际上，我遇到的中国人当中真心喜欢韩国的人有很多。我作为一名留华学生也想贡献出自己的微薄力量，希望今后也有机会分享我在中国学到的东西，我更希望在分享的过程中有新的收获，不断丰富自己。

合唱让我融入中国

申文燮 深圳中国经济特区研究中心 在读博士

留学生活和中国朋友

2009年父亲开始在中国工作，因此我在2010年1月也来到了中国，没想到一转眼就过去了10多年。今年是中韩建交30周年，希望以此为契机再次重温我的中国生活。我还记得2010年3月来深圳大学的第一天。因为既不会说中文，也不会说英语，所以进入学校宿舍的第一天晚上我没能吃上饭。在校内餐厅就餐必须有学生卡，但由于语言不通，我不知道如何办卡，只能饿着肚子过了一个晚上。那时，中国缓慢的网速让我不得不强制退出游戏生涯，加上第一次挨饿的冲击，我真正意识到了语言的重要性，过上了更加专注于现实的生活。玩游戏再也不是我的爱好，我开始努力学习中文，交了很多中国朋友。第一个教我中文的罗骁很了不起，他会说5门语言。每天早上和他一起早读，上午上语言课，下午在图书馆自习，晚上找中国朋友练口语，一天又一天，从早到晚只用汉语，不使用任何韩语，就这样过去了2年。长期不使用韩语的我，韩语变得生疏，那时候很多韩国人以为我是韩语学得不错的中国人。

我发现学好中文可以让我结识更多的朋友，经历更丰富的生活。随着时间的推移，我的汉语水平在不断进步。为了锻炼自己，我参加了很多比赛，几年的学习累积让我一次次拿到大奖。有一次，在Fiba篮球世界杯赛时，韩国国家队来到深圳。我有幸做了国家队的同传翻译。辅助两国国家队选手及教练的同时，我在韩国篮球协会会长，深圳市副市长，姚明等名人身边学习也积累了很好的经验。另外，我还上了几次电视脱口秀和新闻直播，给大众介绍了韩国文化，也和大家一起讨论各种社会问题和文化碰撞相关话题。

创办国际合唱团

在中国留学期间，音乐给了我很多力量。我从4岁开始学习音乐，也在合唱团待过一段日子。2016年3月，我偶然间在深圳大学音乐厅看到了来自耶鲁大学的无伴奏男生合唱团的内部演出。世界各国的学生只用一个语言来唱歌，大家用音乐融为一体的场景真的让人终身难忘。后来我才知道，这个组合已有100多年的历史，是在世界各地巡演的著名音乐社团。从此我也下定决心要组建这样的团体，并于2016年创办了深圳大学国际合唱团，11月在广州首次演出。刚开始的时候团员招募，宣传，练习，语言沟通，服装租赁，演出准备，彩排等很多事情都要自己做，很多麻烦和难处。但是随着志同道合的朋友们一一加入，弥补了我的不足，合唱团逐渐发展起来。

从2017年开始，我还兼任深圳大学艺术团合唱团团长。初期20人的中国团员逐渐增多，加上国际合唱团团员将近150人左右。合唱团自然而然地成为中国学生和留学生一起交流，唱歌，沟通的平台，在社区受到极大关注，去到很多地方演出。在不同文化环境中长大的不同肤色，不同语言的人们，通过音乐沟通，交流，一起完成表演，再延续文化交流，印证着音乐的无国界。

2020年全世界因新冠受到了很大的打击，整个世界都失去了颜色。我也像其他留学生一样无法回到中国，在这段时间里，我相信音乐的力量并努力用音乐来安慰我们每个人疲惫的心灵，以此为契机尝试了云合唱，继续沟通，链接我们珍贵的缘分。

2020年，我还参加了教育部中国留学服务中心举办的"我与中国的美丽邂逅"为主题的在华外国留学生视频大赛，我制作的视频《音乐无国界》获得了最高的分数。很多对中国很了解，喜欢中国的留学生参加了此次大赛。后来，为了给全世界抗击疫情增添勇气和力量，我召集了几名参加比赛的学生一起合唱了《让世界充满爱》这首歌，并将其制作成MV。我们的作品受到了大众的广泛关注和喜爱。以此为契机，我组织了留学中国"云"合唱团。

为北京冬奥会谱写《冰雪之望》

在全世界都为新冠担忧的时候，在中国北京举行了2022冬奥会。为用音乐给人们带来希望和感动，传达奥林匹克精神，我谱写了奥运主题曲《冰雪之望》。先是推出了demo音乐，在第四届丝路青年梦想汇上获得了音乐部门的一等奖。后来，在教育部留学服务中心的支持下，制成了由24所国内高校，50多个国家，百余名在华留学生共同演唱的官方版。虽然受疫情的限制不能实际见面，但大家出于对音乐的热情和对冬奥会的期待，通过网络一起学习歌曲，在寒冷的天气中，每个人都坚持完成自身承担部分的MV拍摄。我们的作品公开后打动了很多人，在奥运会期间，很多媒体都在讲述我们的故事。

未来，我想继续通过温暖的音乐给人们希望和勇气，我也会珍惜在中国生活期间的缘分和经历，继续为韩国和中国之间的人文交流和世界的和平发展贡献一点微薄的力量。

书法和汉字，中文和韩文

李明实 山东大学 亚非语文学 在读博士

做梦都想说中文

我在位于中国山东省威海市的山东大学威海校区攻读博士学位，同时在东北亚学院担任韩国语讲师。我从小学习书法，对汉字比较有自信，自然而然地就对中文产生了兴趣，大学考入了中文系。可是仅靠系里的授课很难讲中文，所以我报名了中文辅导学院。学院的老师经常夸我的中文讲得好，这让我对中文的兴趣更加浓厚，于是就有了去中国留学的想法。经学院老师介绍，我选择了在山东威海的一所大学。之前从来没有离开过父母的我，对留学生活很是担心。现在回头想来都有些惭愧，都是人住的地方，我的担心是多余的。就这样，我来到了山东威海。

真正为自己学习如何？

那天，我怀着既激动又不安的心情第一次走进中国大学的教室。但是我发现有些不对劲，因为韩国人占了90%以上。没想到韩国人这么多，那时我才意识到自己太不了解中国。威海在地理位置上距离韩国较近，韩中建交以来有很多韩国企业进驻威海，是两国贸易的桥头堡，与之相伴，企业家的家属，留学生等也就多了起来。既来之则安之，我利用一个学期的时间专心学习语言，同时加强了与任课老师的交流。但想在四个月的时间里提高中文水平，对我来说是远远不够的。于是我决定留在中国攻读硕士。

经过一番搜索和咨询，我选择了法律专业。硕士3年的时间，现在想来是最忙碌，最辛苦也最痛苦的一段时光，但在法学系的教授，中国朋友，行政室的工作人员，国际交流处负责留学生的工作人员以及很多人的帮助下，我顺利取得了硕士学位。之后我关注的是亚洲语言，很感谢我的导师牛林杰收下了我，并在我结束了一年的基本课程后，为我提供了在大学里进行本科教学的机会。

是什么造就了现在的我

我不仅喜欢书法，还很喜欢写作。我写了很长时间的日记，看到名言或者喜欢的诗句就会抄下来，积攒了很多这样的笔记。之所以如此喜欢写作，或许是受到母亲的影响。当年是母亲给我报名参加了附近的书法学习班。

如此说来，遗传这东西真是太神奇了。我是四姐妹中的老二，唯独我喜欢写作，手工，绘画。虽然不是很出色，但是经常受到夸奖，所以就会更加努力。其实我是准备考美术大学的，因为家庭经济原因放弃了。因为这样那样的理由，我至今无法放弃学习。有时我想，难道这是因求知欲没得到满足而产生的饥渴吗？

我喜欢文字本身，通过书法喜欢上了汉字，因为汉字又对中文产生了兴趣，现在我又深深爱上了韩文，同时用中文表达韩文之意，反过来看到中文，就会思考如何用韩文表达出来，现在我很高兴能把这些故事讲给中国学生听。

由于长时间的新冠疫情，周边的大部分韩国人都已回国。有时我也感到郁闷，也很想回韩国，但我喜欢和这里的学生在一起学习，就一直在等待情况好转。这个假期可以回去了，不行就下个假期……就这样一次又一次延期，已经四年没回韩国了。"没关系，这个假期就可以回去了。"我不时这样安慰着自己。现在我一边做着力所能及的事情，一边等待着。

梦想成为韩半岛专家

朴镛埈 复旦大学 国际关系学 在读博士

大学记者时结下的中国缘

1992年8月24日，韩国和中国结束了40年的相互隔阂，实现了两国关系正常化，两国的人员交流也日益频繁和密切。我和中国的缘分也符合这样的时代变化。20世纪90年代后期，韩国的高中教育课程发生了变化，增设了2种以上第二外语科目，学生除了英语之外，可以选择自己想学习的外语，大多数学校开设了日语和中文课程。因此，这一时期学习汉语的学生逐渐增多，但由于日语与韩语的语法相似，选择相对容易学习的日语的学生更多。但是，随着中国在国际社会上的崛起，韩中两国交流频繁，对汉语的需求不断提高，在韩国开始形成英语和汉语今后都是必修外语的认识。我也是基于这种认识开始学习汉语。

上大学后，和韩国的其他大学生一样，我只专注于专业学习和就业相关的活动。当时梦想成为媒体记者的我，在校内电视台担任记者。本以为汉语只是一段与我擦肩而过的缘分，但被选为采访2010年上海世博会的大学生采访团访问中国上海，使我与中国再次结缘。事实上，21世纪初期也是中国在国际社会上的地位被广泛认可的时期。继2008年北京奥运会之后，中国又成功举办了2010年上海世博会。亲自采访高速发展的中国，让我对过去的缘分产生了新的好奇心，之后在广州，北京等地学习，让我对中国有了深入的体验。

这些经历对以后的职业生活也有很大的帮助。毕业后，我在韩国电视台工作，制作有关东北亚国际关系的纪录片。主要内容是对美国，中国，日本，俄罗斯等多个国家的外交政策进行分析，并采访各国专家。我利用在中国学习的经验，特别担任了中国专家。但是，与各种专家接触后感受到的是，在看待中国的过程中，西方中心的视角仍然在发挥支配作用。我认为有必要克服这样的视角，更加客观地看待中国，为了韩中关系的发展，也应该有更多的人能够做出努力。于是，我产生了在中国攻读学位的想法，也因此来到了上海的复旦大学。

复旦大学与韩半岛研究

其实，正如国际关系学的发展一样，中国对国际关系的研究仍然具有以西方为主的视角。当然，学界很早就认识到这种问题，正在研究多种替代理论，中国学界也在为建立中国式国际关系理论倾注很多努力。但是，在分析对象方面，不能说专门研究韩半岛问题的专家人数很广泛。在这一点上，对于想要研究韩中关系或东北亚国际关系的人来说，上海有很多优势。上海是许多韩国人生活的地区，和北京一起是韩国留学生最多的城市。另外，复旦大学，上海外国语大学，交通大学，上海大学，同济大学，上海社会科学院等都设有与韩半岛问题相关的研究所，在此基础上研究韩半岛问题的学者正在积极展开活动。市政府也于2017年设立上海市韩半岛研究会，致力于韩半岛研究。特别是复旦大学的韩国研究中心，中韩两国建交后不久就展开了韩半岛问题相关的多样的学术活动，在国内外的韩国研究上都很具影响力，正在受到国内外学界的关注。

国家关系在于国民的友谊

许多学者认为，中韩建交是形成东北亚后冷战格局的重大事件，具有深远的意义。但是，从中国和韩国几千年的历史发展和相互交流的角度来看，与其说两国建交是罕见的事件，不如说40年的断绝是例外时期。两国在过去几千年的悠久历史中培养了文化上的深厚关联性和共同性。建交30年来，两国在经济，教育，文化等多方面扩大了交流与合作，两国关系飞速发展，两国关系从"友好合作关系"提升为"战略合作伙伴关系"。

目前，由于新型冠状病毒在全世界的流行，人员交流仍存障碍。但是，正如"国家之间的关系在于国民之间的友谊"这句话一样，在韩中两国关系的持续发展和加强合作方面，活跃人员交流，维持对话与合作的基调将非常重要。从这一点看，韩国在新型冠状病毒爆发初期，与其他国家不同，没有对中国实行禁止入境措施，中国也在封锁以后最先允许韩国留学生，就业者，侨民等申请签证。两国都做出了正确的选择。本人也受惠于这一政策，在中国顺利地进行博士学位项目，令同学年其他国家的学生羡慕不已。当然，目前还存在冠状病毒传播的危险，因此很多交流还处于停滞状态。但是，如果像现在一样以相互信任为基础，共同克服疫情，重新提高两国的交流和合作将不是遥远的未来。

离开美国到中国留学

郑载勋 人民大学 国际关系学 在读硕士

沉醉于中国电影和武术的童年时代

我在上小学之前就被中国武侠片和中国武术迷住了。这时成龙主演的《醉拳》系列和李连杰主演的《黄飞鸿》系列好像已经看了数百遍。看到我对中国文化如此着迷，我的父母也非常鼓励。他们认为，再过10年，20年，中国将成为对世界具有重要影响力的领导国家。受此影响，学生时代我读了21遍《三国志》，还读了楚汉志，西游记等中国的历史小说。

虽然我是如此喜欢中国，但留学却还是在有家庭关系的英美圈国家。小学3，4年级是在澳大利亚，初中2年级到大学1年级则是在美国继续学业。我在美国留学的6年间，中国在国内和国外取得了巨大的发展，成为与美国比肩的G2国家，这重新点燃了我从小就开始的对中国的关心，哪怕只是短时间也要去中国学习。在平时一直强调中国重要性的父母的积极支持下，我了解了中国的交换生项目，前往中国北京外国语大学进行为期一年的学习。

从交换生到攻读硕士

做交换生的一年是我人生中难忘的时光。每天下课后，我都会和朋友去北京各处转转，观察和感受北京人的生活；每到周末，我又会去北京以外的城市旅行。在上海，贵州等地，我亲身感受到了每个城市各自独特的魅力，中国承载着历史文化的久远，又迎合着新世纪的未来。当时韩国电视剧《太阳的后裔》在中国人气飙升，众多韩流内容也获得了中国人的欢迎。得益于此，我在中国任何地方都受到了韩流明星级别的款待，我的中文实力也飞速提升。更重要的是，对于从小在英美文化圈留学，习惯用美国视角看待世界的我来说，在中国的生活提供了从中国视角看待世界的更广阔的眼光。

看到自己的新发展，我产生了在中国而不是美国继续深造的渴望，觉得如果不是现在，就错过深入学习中国的时机。我的父母对我的想法积极支持。我由美国宾夕法尼亚大学转学到我做过交换生项目的北京外国语大学，毕业于国际经营系。此后，我又在中国人民大学国际政治系攻读"当代中国政治学"硕士学位。

希望成为韩中新再生能源合作的桥梁

目前，我的硕士课程只剩下毕业论文，我暂时选择休学，就职于一家韩国公司。这家公司是韩国新再生能源领域的领头企业，是必然要与不惜重金投资该领域的中国企业进行无数交流的公司。进入公司后，我不仅亲身感受着韩国和中国的文化交流，还亲身体验着两国企业间的交流，相信企业间交流的成果最终会给韩国和中国国民带来最大的实惠。今后，我将借鉴我所在公司在美国和中国的经验，成长为新再生能源领域的最高专家，在新再生能源领域做出贡献，并在这一领域，为韩国和中国的交流起到桥梁作用。

从我的过往经历来看，我的一些决定现在回想起来是非常鲁莽的，但结果却使我持续成长。而且我偶尔会问自己，当时我怎么会如此大胆呢？然后，我得到了答案，因为我喜欢中国。韩国和中国虽然有时会发生争执，但一直以来都是有着共同合作，共同发展命运的国家。因此，两国应该培养出像我一样对彼此国家抱有友好感情，并希望学习彼此国家的人。为实现这一目标，两国必须在更多领域谋求更多的交流，相互合作，让彼此的国民喜欢彼此的国家。最后，韩国和中国应该尽最大努力让两国国民认为彼此是真正的朋友。对于这样的努力，我也会随时带头参与。

在复旦大学学习空手道

金秀嫔 复旦大学 广播电视系 本科在读

接触中国的契机

留学中国始于我喜欢的电影的一句台词。电影《玩具总动员》中的巴斯光年说"一飞冲天，浩瀚无垠(To Infinity and Be-yond)"，我也想像巴斯光年一样超越韩国，体验更广阔的世界。中国就是我的广阔世界。

我高中的时候开始学汉语，这是我第一次接触到中国。起初我对汉语感到陌生，但我好奇心很强，所以对汉语的兴趣也日渐浓厚，也越来越感受到汉语的魅力。学习汉语让我想了解中国和中国的生活，饮食和文化。中国具有什么潜力？中国菜好不好吃？如果有了中国朋友会怎么样？虽然有很多疑问，但我一直在韩国生活了19年，一次也没有去过中国，在中国也没有认识的朋友，下决心去留学并不容易。但我自己想体验和了解这一切的愿望，最终使我成了一名复旦大学的留学生。

第一次来中国，汉语又不流利，一切都很陌生，很困难。在中国遇到的所有的问题都需要我自己解决。但因为有太多要感谢的人，太多有趣的经历，让留学生活成为了美好回忆。

回忆复旦大学空手道社团

在复旦大学印象最深的经历是参加空手道社团。复旦大学有舞蹈社团，猫社团，学术社团等多种多样的社团。我在韩国的时候练了2个月的巴西柔术，所以想试试空手道，而且我认为运动类社团能最快地跟中国朋友们亲近起来。

我原以为这是一个可以一起高高兴兴运动，高高兴兴聊天，交很多朋友的社团，去的第一天完全是一种轻松的心态，结果跟我预想的完全相反。在空手道社团，他们出乎意料地进行着高强度的体能训练，并以非常认真的态度面对武术，我一下课就累得说不出话来。社团内的中国朋友们把各种训练都完成的很完美，我每次看到他们，都会对他们强大的体能和精气神赞叹不已。我的体力比较差，连一个俯卧撑都做不好，这有时让我感到很不好意思。但无论我的训练伙伴换成了谁，看到我疲惫的样子，总是为我鼓劲儿，让我不放弃。多亏朋友们的鼓励，我变得更加努力，在狭窄的宿舍房间里，为了培养体力，不断进行着体能训练。原来连一个俯卧撑都做不来的我，渐渐能做五个，后来能做十个，这小小的进步给我带来了很大的成就感。就这样，一学期下来，我的空手道段位从白带升到了黄带。虽然在其他人眼中黄带可能没什么大不了，但对我来说却意味非凡。接到黄带的那天，过去所有的辛苦和感激都涌上心头，我发现自己在体能和精神上都更上了一层楼。

亲如家人的室友

要说在留学生活中最难忍受的，就是身在异国他乡的孤独。多亏了好室友们，我没有过孤独，过得很好。和我住在一起的室友都不是中国国籍，但要么母语是汉语，要么父母是中国人，所以我们通常用英语或汉语交流。虽然我太会说汉语，但是他们总是理解我。我们住在502号，A房间是康琪，B房间是简，C房间是我，D房间是莉迪娅。

康琪性格开朗积极，在我忧郁或有困难的时候总会想方设法逗我笑。我生病的时候，她又会拿出蜂蜜给我沏蜂蜜茶，为我担心。住在B房间的简习惯于早起，她经常为3个人做早餐，并留下便条，督促我们吃早饭。本来我不怎么吃早餐，但简每次为我准备早饭的时候，我就一定要吃完再去上课。我和D房间的莉迪娅经常一起学习，一起去练空手道，互相分享烦恼，关系很是亲近。我们四个人像家人一样，有高兴的事就一起高兴，有伤心的事就一起分担，相互安慰。

上海的冬天比想象中还要冷，所以我们决定一起来做"汤圆"。汤圆是中国的一种小吃，是用黑芝麻，猪板油做馅，加入少许白糖，外面用糯米粉搓成圆形，煮熟后口感香甜软糯。我们一起和面，一起做馅儿，把汤圆揉的圆圆的，万一做丑了，大家会相互调侃。偶尔会有人偷偷吃甜甜的馅儿，你说我笑很是开心。煮的时候，我们在汤里还放了生姜和桂皮，味道好极了。我们的汤圆让我记忆中的上海有了一个温暖的冬天。

为未来做好准备

现在因为疫情，我只能暂时在韩国听网课。我本想通过到中国留学积累更多的经历，还想通过旅行进一步了解中国，目前的状况多少让我有点遗憾。但当下我不想只是感到遗憾，而是要为了更好的机会做好准备。就这样，我一边认真听课，一边在韩国公司做实习，在忙碌中迎来了中韩建交30周年，并有幸得到了介绍我留学经历的机会。回顾过去，展望明天，希望不久后能再去到中国，向自己的美好未来再迈进一步。

故乡月更明？

郑雅心 中央大学(安城) 食品营养学 在读博士

来到"电视剧国度"——韩国

在来韩国之前，我对这个国家的的印象都是靠影视剧上的俊男靓女，或是在舞台上光鲜亮丽的Kpop爱豆搭建起来的。真正来到韩国，坐上去安城的车，我一路上"左顾右盼"，带着十足的好奇打量这个熟悉又陌生的国度。正当我想对这个国家产生一丝亲近感的时候，从眼前闪过的一面面广告牌上的韩文提醒我，这不是家乡，不是家。对于两个国家的距离，我的主观认知与客观现实存在的差距使我陷入沉思。我选择来这里求学是否是一个正确的选择。

紧张之中独居生活的快乐

不会说韩语，是横在我求学之路上的拦路虎。由于疫情原因，我选择从原目标留学国加拿大转向了韩国，由于之前并没有学习过任何韩语，只能用英语申请的韩国学校。所以入学后，在上韩语授课的课时非常的吃力，只能借助同传软件，或者课程结束后，自己课后看一下教授推荐的书目和论文，进行自学。好在同组的韩国同学们都很友好，课下也会用英语帮我解释作业的细节，让我少走了很多弯路。在刚到这里的一段时间，我认为自己接触到了许多新的知识，新的领域，也根据教授的期望自学了一些新技能。但是随着研究的深入，越发感觉到自己的不足。教授在生活和学业上的关心，同组的韩国学生的专注，也迫使自己也不敢轻易松劲。

我所就读的中央大学生命工学院位于京畿道安城市，大家第一想到的可能就是摆在超市货架的安城汤面。但不幸的是，我至今没有见到一家打着安城汤面招牌的面馆（笑）。此外，由于安城市是个相对比较小的城市，所以餐饮店种类的丰富程度远不及首尔。结束隔离的我，花了2天把内那里的路和店就给摸熟了，不到两周这里的店也算被我吃个遍了。对于校内食堂和校外餐馆中的蔬菜的频频缺位，让我这个顿顿缺不了蔬菜的山东人对蔬菜的热爱达到了一个前所未有的新高度。"搬出宿舍，自给自足"，就是我在来韩半年后喊出的口号。搬出宿舍独居的第一个元旦和第一个春节，我就在家开了火，小露一手，招待了住在附近的师哥师姐还有朋友们。当然，邀请实验室里的韩国朋友到家做客也是作为留学生的必不可少的项目，她们最后都拜倒在了我做的大盘鸡的脚下！此外，我也将辣条成功打入了实验室，她们觉得辣条是很好的下酒菜～

想尽情在韩国旅游

　　平淡如水的实验室生活单调而充实，却也在我心底留下不小的遗憾，996加没有寒暑假没有红日子的实验室生活让我并没有很多在韩国出游的机会。也就去年利用专业学会的机会和组内的同学去了一次济州岛，一起趁着会议的的空档和会议期间的晚上，在会场周围吃吃逛逛，仅此而已。之外的也就是利用一周仅剩的休息时间，跑到首尔，和朋友去探探想吃的店，改善一下生活罢了。如果有空闲时间，我也想春日去看首尔林的樱花，夏日去釜山倾听海浪，秋日坐着内藏山的缆车赏满山红枫，冬日去平昌滑雪场感受刺激。

　　"露从今夜白，月是故乡明"，身处异国，日渐意识到曾在国内不以为意的美。在这里总是很容易地就看到天边的月，然后就不由自主的想起家乡的月。感恩父母能不遗余力给我在留学上的支持，使我可以安心地在这里求学，做我想做的研究。感谢国家为我们提供的强大后盾，祖国的强盛让我们身处异乡的学子没有后顾之忧。

　　走出国门来到异乡，结识了来自世界各国的友人，在文化的碰撞中不断地充实自己。"路漫漫其修远兮，吾将上下而求索"，在接下来的日子里，我除了沉浸在论文，实验之外，还要积极参加各种活动增加阅历，在韩国这片土地上继续追寻自己的未来。

十年挖一井

闵锐 韩国外国语大学 政治外交学 在读博士

我的人生离不开韩国

谈到留学，距离是海外的学子对两国差异的第一认识。"那里离我们远吗？"是乡愁发出的第一问号。在中国留学生去到的国家中，没有哪个国家像韩国那样具有特殊性。而站在离韩国最近的山东半岛的成山角，依旧很难看到对面的韩国。韩国成为离中国最近，却得直接到访才能了解的国家。我记忆中有一件趣事。当我从仁川机场起飞，降落在家乡新郑机场时，来接我的朋友却打来电话，说他还在赶往机场的高速公路上。当时我就感觉到韩国离中国真的太近了，近到没有理由去得思乡病。

我于2010年来到韩国留学。在韩国外国语大学政治外交系学习国际政治专业。同一个学校，同一个专业，我不知不觉中度过了十年的时光。中韩建交三十年之际，我作为留学生也即将完成我的博士论文，开始新的学习和生活。记得我一位一同留学的朋友跟我说过："我们不管将来从事什么样的工作，我们的生活中都不可能完全脱离韩国这个国家了。"这句话在我即将毕业之际感触很深，使我不经意间想起留学中的瞬间，想起吃过的美食，想起导师的教诲。

在韩国经历的有趣经历

因为语言和文化，留学的时间会有很多趣事。记得在语学院的时候，我混淆了两个单词，"烟灰缸"和"阳台"。当时的宿舍分为有阳台和没有阳台两种房间。我向管理宿舍的老师说我想要一个有阳台的房子，但是说成了有烟灰缸的房间。老师惊讶的表示说房间内禁止抽烟。而我却说所以我需要有阳台的房间。闹出的笑话让老师很快地记住了我。

韩国的中秋节是最大的节日。像在中国一样，大家纷纷回到自己的老家和亲人团聚。因为中秋节都是在学期中度过的，所以我没有回到中国。记得有一次，我所居住的整个楼栋包括房东在内都要回到地方过中秋节。房东阿姨对我说：锐，看好我们的房子。我便承担起了看护我们楼栋的任务。中韩两国人民的信任在这一刻建立了起来。房东阿姨平时对我格外的关心，得知我的生日和她儿子仅有一周的间隔，每当我生日和过年回家的时候，阿姨都会包红包给我，我想这是中韩两国文化上的互通。

希望未来成为韩中外交研究学者

我的专业使得我在理解两国关系上有着更直接的体会。记得一位学者在文章中提到"人可以选择自己的邻居，但是国家不行"。国家更多是去处理关系发展中的问题。当航班再一次划过仁川上空，当客轮再一次驶过渤海湾。中韩两国会再次站在历史的新高度去探索未来的发展道路。这是两国人民的智慧与责任。我希望我今后的工作能够和中韩关系息息相关，更能够为两国关系的发展尽微薄之力。

给我做儿媳妇吧

刘潇 庆熙大学 旅游学 在读博士

韩流贯穿我的学生时代

跟很多人一样，我是从韩剧开始了解韩国的。小时候跟着妈妈看过《搞笑一家人》，《大长今》，《看了又看》，直到现在我还记得《大长今》里出现的韩餐，整齐又漂亮。那时候我就有了以后一定要去韩国尝尝韩餐，穿穿韩服的想法。

韩流文化对我来说不仅是兴趣，而是贯穿了我整个学生生涯的一条"轴"。2000年代初我通过网络接触到了韩国综艺，音乐，喜欢上了韩国偶像团体super junior，高中入学第一天就因此交到两个跟我一样喜欢"韩流"的朋友。巧合的是大学学习了韩语专业，因为常年看韩语综艺和影视剧，所以学习起来异常顺利，还积极参加各种比赛。在准备韩语演讲比赛的过程中，我认识了直到现在都还保持联系的韩国老师和朋友们。认识的哥哥给我改稿子，老师会每天在午休时间给我纠正发音，这些都记忆犹新。在韩国的生活比想象中还要快乐和充实。学习之余，我比很多韩国人更欣赏和享受着他们创造出来的"韩流文化"。我跑到过论山和春川送喜欢的爱豆入伍，去过电视节目的现场录制，看过演唱会，还喜欢和有共同爱好的朋友们去KTV。"青春"在这里好像有了很 不同的滋味。

已经做得很好了

我大三一年在韩国做交换生，曾到首尔参加了庆熙大学的外国人演讲比赛，从那时起，到首尔读书的欲望越发强烈。好在2018年我成功申请到了研究生，从此梦想成真，庆熙大学真的成了"我的学校"。我是很幸运的一个人，在这个国度结识的教授，前后辈和朋友，都优秀又善良。特别是我的指导教授，在我不自信的时候，他告诉我"你已经做得很好了"。为了成为他那样有学识又有趣的人，即使有很多纠结和迷茫，我还是决定继续跟着他攻读博士学位，然后能够回到自己国家从事教育行业，给其他迷惘的学生带去鼓励，期待中国的学生们能够变得更积极，更努力。

没有选择继续学习韩语，我研究生的专业是属于旅游管理的会展管理，由于这是庆熙大学的王牌专业，所以我们经常和一些韩国MICE行业里的佼佼者们一起上课，通过他们我获取了很多这个行业的最新信息。而且为了向他们看齐，我更加刻苦学习。

实习和打工经历

大学四年级我进入到韩企实习，韩语本就磕磕巴巴，刚进公司就要跟着出差，进工厂做翻译，多亏了公司上司包容我的不足，还一直夸奖我工作得很好。对于一个初出茅庐，并不自信的学生，他们的鼓励无比宝贵。

通过老师的介绍，我有机会为几位来中国教学的韩国跆拳道大师做同传。其中一位大师一直喊我"儿媳妇"，他说："等你来韩国读研究生，我一定要介绍两个儿子给你认识，看你喜欢谁！"最后一天告别的时候，这位"公公"没有人民币，也坚持往我坐的出租车里扔了两万元韩币，作为回学校的"打车费"。就这样，我在中国体会到了韩国人特有的"人情味"。虽然并没有成为那个大师的"儿媳妇"，但我直到现在都还和他们保持着联系。

想研究新的观光方式

从2020年开始的新冠疫情使很多行业一度陷入了停摆状态，旅游业受到的打击尤为严重。三年过去了，包括韩国在内的很多国家都开始逐步恢复到疫情之前的生活，现在去明洞又能看到之前热闹的景象。虽然中国暂时没有完全开放，但通过网络举办了文旅交流和云端音乐会等活动，在后疫情时代，期待我们能够探索安全和适宜的文化旅游交流方式。作为能够促进中韩交流的青年，我会和所有朋友一起，像期待自己的未来那样，期待中韩两国的关系能够越走越好。

愿如我名，做一只快乐小鹿

熊张鹿鸣 首尔大学 公演艺术学专业 在读硕士

登上飞机，我的留学生活开始了

事实上，直到今年九月初，我才结束了长达一年的居家网课留学时代。在这趟带我前往未知世界的国际航班，趁着登机时间，我和父母打了今年最后一通国内电话，纠结了许久也不愿挂断，最后选择了默默戴上耳机，直到信号完全被断绝。随着"嘟"的一声，我才呆滞地看向被挂断的电话，实在是不知所措，只好看向椭圆形的窗外越来越小的建筑和愈发亲近的云朵，沉默中泪如雨下。飞机落地，走下廊桥，引导办理手续的空姐不再似国内般微微欠身道别，而是清一色地行肚脐礼，伴随着这样一声声甜美且陌生的韩语"您好"，我内心明白，留学生活开始了。

不愿枉来韩国留学

迈进"梦校"的大门，才知道首尔大学原来坐落在一座绿绿葱葱的冠岳山上，兴许是由于冠岳区远离闹市区的缘故，又兴许是能进入韩国最高学府的精英集聚于此，出乎意料地没见到韩国青春偶像剧中的欢声笑语与嬉笑打闹，只能注意到人人手中，肩上的知识载体——书籍。即便恰逢大夏天，我却依旧能感到一丝莫名的静穆台风，"无限竞争社会"的盛名。

由于是初来乍到，我选择了最稳妥的方案——把自己在韩的第一个小窝安在学校宿舍，也就是冠岳生活馆里。兴许是受到学校更名宿舍为生活馆的影响，我竟然真的在这个小窝里自然而然地过上了小日子，交上了三五好友，收起了六七快递。无论是从宿舍窗外遥望南山塔和烟花庆典之美景与夜景，还是在厨房里做便利一人食与"聚众"火锅，再到学习室里的无数次通宵学习与工作，现在想来，我在韩的小日子几乎都是在这个"家"里慢慢充盈，过活起来的。

"呦呦鹿鸣，食野之苹"

本科毕业后，身边工作和考研的朋友越来越多，泰山般的就业压力让MZ时代的年轻人鲜少有时间和勇气去喘口气。为了给自己的简历增添更重的砝码，即便是在校学习的我，也开始了新一轮的工作生涯。

我一直认为自己是个幸运儿，无论是前脚顺利在中戏本科的前列毕业，后脚就顺利录取首尔大学研究生，还是在早来韩之前偶然发现全韩学人学者联合会的招聘信息到成为学术部与新闻稿件组的干事，再到北京字节跳动的游戏相关远程实习。一路走来，我承蒙各位老师前辈的肯定与机会，也得到了不少同学同事的祝福，但我深知绝不能光靠这一身运气凑合，当下最应当的是抓紧一切学习机会，努力提升自己的能力才是硬道理！

"呦呦鹿鸣，食野之苹。我有嘉宾，鼓瑟吹笙。"意谓在悠然自得之处做贤才，既是我名字的出处，也是在韩留学不愿枉来此遭的真诚愿景。"昔我往矣，杨柳依依。今我来思，雨雪霏霏。"则是我想借着同出《诗经·小雅》的诗句，聊以表达我对祖国更甚的思念情意！

装满回忆的鲫鱼饼袋

贾如妍 成均馆大学 媒体通讯专业 本科在读

春到人间草木知

三年前，怀揣着对未知环境的好奇与期待，我正式开始了韩国留学生活。迷茫，失落，孤独…远离父母，初次一人远行，生活中的极大部分被负面情绪充斥。从东国大学语学堂到成均馆大学，似乎每一个人都在不断的赶路。我们害怕被时代的潮流所淹没，也担心休息的片刻会被后来居上者超越。但是，留学途中也有许多故事值得细细品味。我在这个似第二故乡一般的国度，经历过暖春，酷暑，寂秋，严冬，那些常被我挂在嘴边津津乐道的往昔，最终都成为了留学路上千金不换的财富。

初入成均馆大学时，正逢春季。和所有新入学的朋友们一样，我对这个陌生的环境一无所知。不停地学习和追赶似乎成为了开启大学生活唯一的标志。但，就像树梢的嫩芽最终会开出花来，因为有了这个春天的奋力耕耘，我也成为了万绿丛中盛放的一朵。

当我通过层层选拔进入心仪的专业，如愿以"传媒人"的身份开始新阶段的学习和生活时，我发现原来学习传媒的意义其实很简单。当我发现路边的小花破芽绽放时，我用文字，用相机记录下此刻，可以在下一个瞬间分享给远方我爱的家人和朋友。春到人间，草木皆知。路遇花开，你我共赏。我从那朵花中，看到了未来的我。

夏天有幸担起会长的责任

待到人间四月芳菲尽，成均馆的夏天来了。在我进入大学的那一年，为了锻炼自己处事的能力，也为了扩大自己的交友圈，我成为了成均馆大学中国学人学者联谊会的一员。从部员到副部再到部长，最后在2022年的夏天有幸担起会长的责任。同学们的信任，老师们的认可，让我在这里的每一步都走的即坚定又幸福。学联带给我的绝不仅仅是头衔和荣誉，更让我懂得作为一个学联负责人的使命和担当。正式成为会长的那晚，我和最初一起进入学生会的朋友说，"四季里我最喜欢夏天，是最能感受到内心炽热的季节。这是我见过最好的夏天了。"

不负秋日好时光

成均馆的秋日，红枫漫道。学校庆典，社团活动，在这时期最为繁多。慢慢熟悉之后，大学的生活不再是家，学校，教室三点一线。我们开始闯荡校园的每个角落，我知道银杏树下有把长椅好乘凉，知道金草地上冒出一株四叶草，知道后门山下有家好吃的小店。我开始认识韩国朋友，从他们那儿学我未曾学过的方言趣谈，也教给他们来自中国的谚语奇闻，两个国家的人在秋天开启文化的"碰撞"。秋高气爽，无所事事又略显忙碌的日子里，交朋友，谈心事，贺庆典…学习不可负，好时节也不可负。

一转眼，漫天飞雪

到了冬天，回家的日子就近了。韩国的冬天，往往夜晚入睡时还是一片寂静，晨起已是满城银光素裹。对于常年生活在南方的孩子来说，雪景带来的欣喜和悸动非同寻常。一场初雪后，韩国街头的小摊一个接一个支棱起来，路人手中捧着的白色纸袋里，不断散发出红豆馅鲫鱼饼的香甜味。每年冬天，大学路入口处都会支起一个红色小棚，忙里忙外招呼客人的是两个头发斑白的老人。到天气稍冷些，棚外就排起曲折的小队，人手一袋从小棚里钻进钻出。我总是要五个红豆馅的和五个奶油味的，久而久之，即使不开口，棚里的老人也能心领神会。

我记得是一个落雨的夜晚，回家路上看到棚里闪烁的明黄色灯光，应是还没有歇业。我撑着伞跑去，看见卖鲫鱼饼的爷爷一人忙碌着收摊，看到我便开始热情招呼，忙着从小铁炉上取出鲫鱼饼，装袋递给我。因为夜色已晚，匆匆道谢后便转身回家，直到卸下一天的疲惫，撕开纸袋，恍然发现：纸袋被撑的满满。严冬的日子，一股暖意涌上心头。

不虚度我留学生活的任何瞬间

走过春秋，迈过夏冬，随着岁月变迁，我在韩国的记忆也随着年岁增加而变得充盈。像从未停止的车流，像飞驰而过的地铁，闭上双眼，也时不时会有美好的记忆涌上心头。我想，往后十年，二十年，三十年…如若再踏上这片土地，再次漫步在成均馆秋日的红枫之下，我也还会记起二十岁时的所闻所感。天微亮，破云而出的第一缕日光轻抚过我的脸庞；正午时，放学后闲散漫步的人群中有我悠然的身影；傍晚后，座无虚席的图书馆自习室你我与时间追赶。在这里看过日出日落，春夏秋冬的我，即使是三十年后回想，也会不由感到热泪盈眶吧。留学带给我的不仅是更高更广阔的视野，同时也带来了值得我用半生去回忆的酸甜苦辣，也算是不枉这一程。

한중 양국의 우정 에세이 来自两国的友谊随笔集

목마름을 기억하다 韓中友誼 不忘初心

초판 1쇄 발행 2022년 12월 31일

편저자	황재호
발행처	예미
발행인	황부현
편 집	박진희
디자인	김민정

출판등록 2018년 5월 10일(제2018-000084호)

주 소 경기도 고양시 일산서구 중앙로 1568 하성프라자 601호
전 화 031)917-7279   **팩스** 031)918-3088
전자우편 yemmibooks@naver.com

ⓒ황재호, 2022

ISBN 979-11-92907-00-0   03340